天下文化
BELIEVE IN READING

未來城市備忘錄

The Promise of a Future City

從基隆治理經驗看台灣

基隆如何從清楚定義自己，進而發展出城市治理的策略與藍圖

作者　陳芛薇、蔣金

目錄 contents

序

創新城市治理
台灣未來的機會

台灣設計研究院院長 張基義

　　三十年多前，台灣仍是經濟掛帥的時代，時任宜蘭縣縣長陳定南在林盛豐、劉太格的協助下，率先提出宜蘭以永續為主軸，訂定未來發展的治理藍圖。在此方向下，宜蘭的交通、土地、公共建設、產業等各項議題，一步步擘劃推進。宜蘭並非大城市，卻率先透過創新設計與規劃，重新定位宜蘭，進而覓得長期願景，給了其他地方政府首長一些啟示。

　　也因如此，我回台東擔任副縣長時，不用從零開始，可以借鏡宜蘭經驗，將設計導入公部門、擘劃城市願景。後來我們也陸續看到高雄市、新竹市、基隆市、屏東縣、嘉義市等地方首長，都提出不同於過去的嶄新城市治理策略。

　　台灣的城市治理，正邁入新紀元。早期從中央及地方政府到人民，多重視經濟發展，以求生存為主，賺了錢之後，興建更多硬體建設，不太重視所在城市的環境是否美麗、生活是否幸福。但如今不一樣了，年輕世代更希望生活的城市具有完善

的公共服務、公共設施，能讓他認同甚至感到驕傲，能在此好好照顧家庭、好好生活。相對的，我們也可以看到，願意帶動城市創新的市長，普遍都獲得相對高的民意支持。

因此我認為，城市應該如何定位自己，找出未來發展願景，並透過長期的清楚規劃，按部就班執行，是新時代城市治理者的新課題。其中，林右昌市長是台灣第一位以規劃專業出身的民選首長，他帶領的基隆治理經驗，別具時代關鍵意義。

基隆腹地狹小，又是一個山多的立體城市，充斥著不同時代遺留下來的既成建物，並不是一張可以從頭規劃的白紙。此外，基隆離大台北地區那麼近，差距卻如此大，非六都的身分，資源有限，在在都是阻擋城市前進動力的挑戰。

儘管有各種不利條件，林右昌市長這八年來，依舊以清楚的基隆願景及大格局，提出城市的長遠規劃，將原先複雜的城市人造環境，一步步脫胎換骨，真的非常不容易。於是，我們可以明顯看到，基隆變漂亮了，拆除天橋，串聯正濱漁港、太平國小，與原先的國門廣場、台鐵地景等基地串連一氣。而基隆回到以空間使用者（人）為訴求的城市，提供更友善的生活環境。是台灣這十年來，非常值得學習的城市治理典範。

這來自林右昌市長對基隆未來的想像相當清晰。儘管原有的市政工作已相當繁複，他總是拋出極富想像力與理想性的未來藍圖，以扎實培訓計畫座談及參與，強化內外溝通與共識；

善用專業規劃能力引入中央資源，號召台灣最優秀的專業團隊及在地年輕人參與共創，為基隆服務。最重要的是，這些想像都得以一一落地實現，並改變了基隆。

台灣的城市治理如今走到一個轉捩點，能夠用設計創新、創造家鄉的改變，營造在地居民的光榮感，已經成為重中之重。基隆、台東、屏東、新竹、嘉義的經驗都讓我們看到，不是六都，面積不大，資源不是最多的城市，仍可以實現未來城市治理夢想，顯見這是一份有策略、有步驟的工作，只要做對了，就能共創城市品牌與價值。

而這些城市經驗也會被留下來，記錄他們的改變契機，讓未來上任的首長能奠基於此，持續前行。《未來城市備忘錄：從基隆治理經驗看台灣》一書的出版，除了忠實記錄基隆的城市治理經驗，也從中看到許多新的可能，基隆經驗或許無法被完全複製，但當中有許多共通方法、策略與行動步驟，值得其他城市治理者學習參考。而我也期待這種創新城市治理的概念，可以持續被倡議與擴散，讓台灣每一座城市都能找到自己獨一無二的樣子，讓居民擁有光榮感及生活感，進而分享給全世界，為台灣創造未來的無限機會。

打造積極有勇氣的
快樂城市

基隆市市長 林右昌

　　我是在基隆長大的孩子，念大學才到台北去。就讀台大建築與城鄉研究所期間，每天研究城市規劃、發展，發現全世界有很多城市的規模或地理環境、背景都和基隆有相似之處。我總想：「會不會有一天，我也可以讓基隆擺脫灰暗、憂鬱的宿命，變得不一樣？」

　　2014 年，我成為基隆市市長，當時曾寫下對基隆的夢想與期待：改變基隆，帶著市民找回光榮感與自信心，能大聲說：「我是基隆人。」1,920 個日子過去，我可以驕傲地說，現在的基隆已經脫胎換骨；2022 年 5 月《遠見雜誌》公布縣市長施政滿意度調查，基隆市施政滿意度超過八成，八年間大幅進步 37.1%，居全國第二。

　　怎麼辦到的？我認為：「當住在城市裡的每個人對城市有信心時，這個城市就有了生命和進步的動力。」這幾年基隆的進步和改變，真正的核心內涵，是我們重新點燃這座城市住民們對

未來的希望和想像。

要達成這個目標，「市長」是個很關鍵的角色。如果把城市治理當成企業經營，基隆市就是一家大型企業，市長則是領導大家的企業主。

上任之初，我第一個挑戰是：如何讓市府團隊成為一個真正的團隊？因此，我們開啟了跨局處合作平台，凝聚同仁們對施政重點的共識，合作起來就會更緊密，效能自然被拉起來。

慢慢地，我們發現，過去印象中保守的公務員心態消失了，因為有目標和希望，同仁開始充滿熱血與拚勁，加上團隊成員大部分是在地人，大家感覺真的是攜手在為故鄉做一件很棒的事，原本存在本位主義的組織，變成一個合作無間的團隊。

面對基隆市民，我也是秉持同理心，耐心聆聽、直接溝通、取得共識、切實執行該做的任務。

印象最深刻的是 2015 年初，團隊需執行拆遷成功陸橋下違規設攤的工作。當時，團隊才上任，時值過年前，難度非常高。我請攤商代表來市長辦公室直接溝通，傾聽他們的心聲，讓他們感受到市府誠意，回去後自然願意幫忙和其他攤商協調。

仁五路連夜拆天橋亦是如此。市民們前一天騎摩托車到路口，眼前還是過去陰暗髒亂的基隆市景，隔天清晨突然發現，天橋不見了，終於看到基隆的天空，一時間「天橋拆掉了！」、「基隆的天空亮了！」的驚呼聲充斥網路，讓網友們印象深刻。

基隆經驗還有一個祕訣：我們從來不認為基隆只是基隆，而是將基隆視為擁有一千萬人口大台北首都圈的一份子，無論是經濟、交通、就業、生活，只要打破行政疆界的刻板想法，回頭再看基隆的城市治理和規劃，一切就會得到解答。

　　《未來城市備忘錄：從基隆治理經驗看台灣》的出版，如實勾勒出我們對未來城市的想望與藍圖，更記載著基隆在這段日子中落實「精準行動」策略的具體方針，書中邀請許多專家學者協助檢視基隆經驗，提供台灣都市治理的建議。

　　經由這趟反思與整理的過程，我們可以感受到透過融合歷史文化記憶、都市保存、城市景觀美感等各種面向，讓城市整體層次明顯提升並躍上國際，從種種作為與實踐中，除了眾多專家的肯定，也因這些改變確實回應人們生活所需，大家都發現：基隆真的改變了！成為一座積極有勇氣且快樂向前的城市。

　　與其說我在改造基隆，不如說是基隆陪我實踐都市再生的夢想。而這八年的「基隆經驗」，已經成為城市治理的參考範例，各種在城市治理中發生的疑難雜症，幾乎都可以在基隆找到解決問題的模式。

　　一如城市治理應該打破疆界限制，城市的進步也不應該被時間所限制，無論何人站在領導人的位置，城市的改變也必須持續下去，期待基隆進步的步伐在未來堅持向前，永不回頭，也希望本書的出版，能讓其他同樣資源不足的城市受到鼓舞。

反思、共創
邁向未來城市

撰文／徐燕興

　　基隆因為追求「現代化」而偉大，但也因「現代化」不足而衰頹。這是因為台灣對於「現代化」之上的「現代性」概念，缺少最初的認識與批判。

　　「現代性」其實是歐洲來的觀念，它是十七世紀以降，歐洲以都市為基礎，結合工業資本主義及其文化想像所構成之政治、經濟、文化的體制。

　　幾百年來，「現代性」歷經各種反省與批判，成就不同的國家、城市或社會。批判「啟蒙現代性」提出政府功能分工問題、代議民主的不足，提醒「現代政府」不只要分工、專業與循證，更要有與社會「共創」的能力。

基隆‧現代性之城

　　基隆曾經有民間部門成立金融、社會福利與社會住宅等部

門，政府與社會部門共好，追求更美好的現代，曾幾何時，政府和社會部門成了侍從關係，各部門各自為政。

此外，「現代」另一個中文翻譯叫作「摩登」，它呈現一種美學。基隆曾經有美麗的火車站、郵局、銀行、海港大樓與市政府，民間在摩登的審美觀下，透過咖啡、詩社、文學、建築等不同面向，主動推動基隆的城市美與文化深度。

曾幾何時，台灣的現代性少了摩登，城市文化成為附屬品或被棄之如敝屣，不重視文化的後果，讓各城市成為石頭城。以基隆來說，冷冰冰的氛圍，加上陰雨與蕭條，城市不再給人榮譽感，也不受人們認同，人才外流或依附著台北，每天像隻只會做工的螞蟻，沒有靈魂的基隆，市民集體憂鬱。

殊不知，批判「審美（摩登）現代性」才是社會進步的重要來源，唯有摩登，才能讓城市生生不息，吸引觀光客不僅一次到訪，而是將拜訪變成一種習慣。讓城市因為摩登而滋養創意人才，創意人才聚集成網，成為創意城市。

基隆・海洋之城

四百年前，位處太平洋島鏈中間的台灣及台灣北方的基隆，依其地利，成為大航海時代的商貿點，從此基隆被編入世界地圖。

煤礦與殖民主義，使基隆成為戰略要塞與太平洋重要港口。

1944 年 7 月，四十四個國家代表在美國布列敦森林（Bretton Woods）召開聯合國和盟國貨幣的「布列敦森林會議」，確立了「美金本位制」，帶來金融全球化。紐約、東京、香港等城市，金融自由地區造就無比繁榮，金融革命帶來大量資金與剩餘，形成城市地區的消長，台灣各項資源很快集中在首都圈台北，基隆人才與勞工也快速流往世界和台北，加速城市空洞化的現象。

1956 年 4 月 26 日，一部吊車把五十八個鋁製箱子，吊上停泊在紐澤西州紐華克（Newark）的舊油輪上，世界港口面臨新一波洗牌。掌握機會的港市如韓國釜山、美國西雅圖，隨即擠進了世界大港的排行榜前端。

基隆在貨櫃革命時代，面臨台灣工業往外擴散及市中心衰退的困境。水深和腹地及無更大港口擴建計畫的限制，使得市港面臨萎縮衰退。欠缺願景的城市治理，基隆從 80 年代開始退出城市的競爭梯隊。

1989 年，歐洲核子研究中心（CERN）的英國科學家伯納李（Tim Berners-Lee），成功傳出第一則透過網路發送的訊息，開啟網路時代。

網路時代最需要就是矽技術，台灣積體電路政策與新竹科學園區成立，讓台灣成為世界另一種中心。資訊技術如光速般

進步，短短三十年已經走過好幾波改變。

Web 1.0 時代，人們只能被動地瀏覽內容，Web 2.0 的社群媒體與 5G 無線網路構建，Web 3.0 去中心化的網絡技術。工作與消費不再被傳統的城鄉結構制約，這絕對是基隆的機會。

基隆是首都圈的海洋門戶，海洋的自由、快樂與創造力，絕對是吸引新經濟人才的地方，打造吸引人才落腳的城市，才是基隆城市治理的核心。

基隆過去係被動的現代化，如今更應該主動地領航世界，積極參與世界的第一步，就是倡議大台北首都圈的概念，提出基隆河谷再生計畫、市港再生標竿計畫與基隆捷運，這些都是基隆成為首都圈不可或缺的部分。

基隆雖然只有三十六萬人口，但首都圈近一千萬人口，都是基隆可以服務的人，以此格局，基隆的經濟發展絕不僅如此。

2014 年開始，基隆主動協助首都圈規劃與建設，啟動並投入以數位及未來人才為基礎的元宇宙首都（megacity），Mega to Meta 不僅是基隆的城市戰略，也是台灣未來的城鄉戰略。

基隆‧共創之城

2022 年 6 月基隆辦理城市博覽會，其中有關城市治理的 A2 展館，以「基隆聯合事務所」為理念，展出基隆這幾年的治

理經驗。

城市治理好像網路技術，從 1.0、2.0 到 3.0，不斷反省與精進。1933 年雅典《都市計畫憲章》（Charte d'Athènes），是由當時世界最重要的建築及都市專業者與學者組成「國際現代建築會議」（CIAM），經由討論交流後所訂出來的法律依據，也是當今城市治理的原型。

都市計畫憲章提出都市應涵蓋居住、娛樂、工作與交通，但間接促成「汽車中心主義」的城市。

1977 年《馬丘比丘憲章》（Charter of Machu Picchu）提出城市過度成長和汽車中心主義的問題，展現對於自然資源保育與文化保存的反省與做法。但城市治理仍是專業之間的綜合評述，在僵固的政府科層主義和迷思之下，城市仍不屬於全體市民的。

1993 年第一屆「新都市主義大會」，主辦單位提出「新都市主義」。從過往巨觀方式轉為微觀的城市設計，反對城市擴張，主張緊湊型與多功能混合的城市主義。這次會議影響哥本哈根、阿姆斯特丹等多個重要海港城市，其市中心逐步成為友善步行的空間，並進一步成為真正的步行城市。

2016 年聯合國聚集全世界專家與官員，於厄瓜多舉辦「第三屆聯合國住房和城市可持續發展大會」，反省全球化對城市的影響，提出「新都市議程」（New Urban Agenda），確保永

續城市發展的新政治承諾。

新都市議程發現過往零和的進步倡議，社會是不容易接受的；過於激進，城市還沒進步，社會就已碎裂與分化。歐洲隨著歐盟成立，也同步推動各項城市治理的反省與創新計畫，2020 年提出《新萊比錫憲章》（New Leipzig Charter）將城市治理分成：城市內部、城市地區間、都會區域三個層次。提出以共同利益為導向的城市發展政策、因應地方狀態提出適合的平台與整合方法、支持和完善新的參與形式、對實地具體情況進行調研和工作坊，並以此基礎制定城市戰略和方案。該憲章並提出培力及強化公務員能力、打造投資氛圍、增強規劃與設計能力、積極的土地政策、積極進行數位化轉型等工作。

西方從馬丘比丘憲章、新都市主義，城市治理走向專業、文化保存與自然永續等新價值。隨著深度全球化、氣候變遷與疫情，聯合國的新都市議程和歐洲新萊比錫憲章，更提出面對地方情境和社會一起合作與共創的城市策略。基隆這幾年的治理經驗，與這些先進城市的策略方向一致，基隆已經回到世界的市港梯隊了。

台灣擁抱限制

基隆這幾年在市長林右昌堅定卻溫柔的帶領下，整座城市

好像是間聯合事務所，集結中央、地方；技術官僚、專業者；政府、民間；社會、社區，成為一個有願景、具執行力的團隊。

新經濟來臨，我們需要新社會來回應，在人口紅利的窘臼與制度慣性下，高齡少子化的趨勢下，社會如何持續有活力？這需要開放、彈性且與社會相存的行動，才能一同度過新經濟社會的挑戰。

而面對中央／地方分工、財政劃分、公務員進用等議題，既有治理方式已無法滿足人民對幸福的追求。基隆市以聯合事務所的概念，不陷入由上而下或由下而上二元對立的束縛，開放與各界合作，由市長親自帶領市府團隊，成為學習型的政府，並且與中央及附近各縣市的公務員一起成長，和專業社群一起實踐與學習，讓「進步」成為基隆的基因，與周遭一起成長。

既有地形與體制限制了基隆，2014 年年底市長林右昌依然突破綑綁，打造出基隆經驗。這跟台灣面臨挑戰一樣，儘管全球政治經濟發展險峻，台灣還是擁抱限制、堅持信念，不僅打破框架，也可以翻轉國家。

希望本書的出版能給大家信心，向歷史學習，回到海洋主體，共創新社會，台灣會是世界不可或缺的一份子。

基隆城市博覽會沉浸劇場。

第一部

時間與人

從歷史再造到創意城市

台灣位於太平洋島鏈的中心，基隆則是台灣
最北邊的優質天然港口，又位於重要位置，
在歷史上曾是世界重要的港口城市之一。

隨著時間推移，過去十多年來，基隆卻成為
失業率、離婚率及自殺率「三高」的「不幸
福城市」[1]。如今，基隆正重新建立起與山、
海、港的關係。

然而城市的重新塑造並非一蹴可幾，回顧山
海城魅力如何被遺忘、豐富多采的人文地景
如何被蒙上陰鬱？首先，從基隆的歷史出
發，找到創意城市再生的關鍵。

從過去歷史
找到前進的動力

藉由梳理城市的歷史，了解城市的過去，
思考歷史對城市的重要性是什麼？
歷史場景在城市治理中可以有什麼貢獻？

　　歷史的深度與城市記憶，是召喚市民榮光感、團結城市在地力量的基礎。而城市中的歷史地景一直以來容易被忽略，是未被妥善保存、充分利用的重要資源。

　　如同美國都市史學家桃樂絲・海登（Dolores Hayden）在著作[2]中提及，自城市底層族群角度出發，場所記憶穩固並連結了人們對文化地景中的建成與自然環境，歷史場所從中獲得了力量，讓市民得以界定公眾的過去。無論是社群內或社群外的人，都因為場所而觸發了記憶，前者因此享有共同的過去，後

者則得以一窺過去的面貌。而前後者融入共同場景，隨著世代推移，城市的主體和精神才能形成。

其次，歷史幫助城市治理的鑑往知來。歷史是世界地理物質結構和人類文化結構交叉而生的產物，當人們將歷史做為城市發展的根本，並不代表城市要僵固不變，反而可以在梳理歷史之時，看見那些過去造成現今城市劣勢及競爭力不足的元素。因此，歷史之於城市治理，不僅要承襲，更是反省再前進的機制。

最重要的是，人們能從歷史中找到造成生活苦難結構的根源，並且看見城市未來發展的可能性，這是一座城市在整修古蹟、創立文化空間，這些搔首弄姿的工事之外的真正意義。

最後，歷史場景對現代城市的貢獻，是實質的經濟意義。一個城市要邁向永續發展的未來，從觀光旅遊找到自信，進而深化觸發新經濟。

從歷史中發揮進步的價值

遊覽台灣許多歷史場景，源於現代化的各方面工事，讓人們擺脫傳統社會關係與社會規範，並獲得自由的意志，但另一方面，人們也在快速變遷的建設發展中頓失精神依靠。懷舊的情緒令人對過往世代的美好心生嚮往，這就是為什麼懷舊永遠

不退流行。

　　藉由展現遙遠歷史的真實空間場景與社會生活，讓人們可以與歷史連結，滿足現代人對美好生活的想像，也才是旅遊歷史景點的精神意義。

　　正因為歷史是在與人互動、情感交流中產生意義，歷史場景再造的工作，並不只是一味地復舊，或是單點甚至片面的文化資產修復、維護，而是從個別單點的保存到線及面的區域保存，創造區域中「人與土地」的歷史記憶，挖掘歷史深度、復育文化生態的同時，凝聚地方、發展地方經濟，進一步發揮多元的想像，回應現下民眾在地生活的需求。

　　如同已故中原大學建築系教授喻肇青在其作《基隆市中心商業區都市更新及都市設計之研究》中寫道：「一個美好的都市，除了要能滿足都市生活基本的機能要求之外，還要能使居民，在心理上透過私密的個人生活肯定自己的價值，同時也期望藉著公共的生活，體驗和表達居民對都市的認同感。」

　　這些古老遺址不僅是歷史場域，也是市民的生活場景。同個場域中兼容昨日榮光與現時的日常，在各個方面都能發揮城市進步的價值。

　　歷史是特定社會與文化的建構，城市空間反映出當時的社會關係，文史與城市面貌的發展密切互生。

　　不同於晦暗、陰雨、了無生氣的基隆，透過歷史，我們可

基隆是台灣現代化的起點。（攝影／鄭桑溪）

以認識一個由多元移民、殖民、歷史事件，文化匯集、建構出來的國際海港城市。

城市記憶：歷史上的基隆

　　基隆是台灣最早發展的城市之一，1626 年，大航海時代西班牙占領北台灣，基隆已納入國際舞台，1863 年《天津條約》開埠通商，基隆就是台灣面向世界的前哨。

基隆在台灣現代化跟工業化的過程中，扮演非常重要的角色。從清朝以來，台灣首任巡撫劉銘傳來台建設，當時為了推動經濟，建立工業河道方便採礦，發展出最早的鐵路，便以基隆為起點。台灣第一座大型煤礦場亦座落於此，基隆煤礦已有三百年歷史，直到日治時期更出現淘金潮，鄰近基隆的金瓜石、九份金礦區帶動周邊經濟，讓基隆得以發展。

　　此外，海洋資源使基隆在台灣歷史變遷中舉足輕重。基隆在1984年站上全世界第七大貨櫃港，雖然不大，但水深又平靜，是一個天然良港，進而能夠獲得充足的海港資源和漁業資源。

　　隨著開放通商口岸，商人、傳教士跨海而來，外來文化和頻繁的貿易往來都帶動了基隆的發展，像是北部地區的茶葉、鹽、樟腦丸、稻米，都是從基隆出口，造就不少因經商致富的居民，如今依然可見當時的痕跡，例如基隆近港口處的街道上，至今仍有許多委託行。

　　基隆周邊海域的漁業資源，也促使許多原住民從台灣南部北上定居。例如和平島旁的「八尺門地區」有來自花東地區阿

一座城市能夠包容的歷史是多面向的，
無論是與一般人們生活較為遙遠的歷史論述，
或是常民記憶中的在地故事，都能被收納在城市地景當中。

美族，因遷往都市謀生而形成聚落。

調查發現，和平島及其對岸正濱地區（正濱漁港、八尺門地區）當時的外來人口，除了有西班牙人殖民的後代，也有日本統治時代的日本人，還曾經有韓國人來到台灣做生意，如今這些地區仍有一些韓裔居民。

而在漁港現代化發展上，基隆漁港也是全台第一。正濱漁港是台灣漁業產業現代化的標竿，藉由漁港建設、冷凍工廠、魚市場、船舶修護工廠、漁民住宅、養殖研究海洋學校的土地利用與開發，成就台灣第一波漁業現代化。

軍事防禦特色景觀

此外，基隆具有很重要的軍事防禦地位。十七世紀西班牙人占領北台灣基隆（舊時稱雞籠）後，將北邊的陸連島——和平島（舊時稱社寮島）視為重要軍事基地，因此建造第一座防禦堡壘「聖薩爾瓦多城」（Fort San Salvador）。

砲台則是基隆展現軍事地位的景觀特色之一。基隆是靠海的山城，因腹地有限，砲台沿著稜線建立。以地理視角，從最西邊的「白米甕砲台」、「獅球嶺砲台」，能一路到二沙灣地區的「二沙灣砲台」，也就是人們熟知的「海門天險」。

往前不遠處的「清法戰爭紀念園區」，有著紀念戰時犧牲

將士的「法國公墓」。再往下走，到達大沙灣地區，是日本統治時期的「要塞司令部」及「校官眷舍」，一旁的大沙灣地區，過去是天然沙灘，也是民眾重要的休閒遊憩去處。

台灣城市和產業現代化實驗場地

種種原因，讓基隆成為一個國際化的都市。基隆市政府都市發展處處長徐燕興語重心長地表示，基隆是台灣城市和產業

古老遺址不僅是歷史場域，也是市民的生活場景。

現代化的實驗場地，日治時期基隆的信用合作社建立起城市金融機制，展現社會現代化的一面。而當時的博愛團及住宅合作社等，為台灣第一波的社福與社會住宅團體，他們建立起互助及協助弱勢的大同城市，基隆曾經是進步的現代之城。

　　至於在藝術人文的發展上，雖然外文書店、詩社、圖書館、咖啡館也曾經興盛於大街小巷，但基隆因位處多元文化匯聚所在，成為人文薈萃之地，許多有名的作曲家、文學家皆因受到多元文化的薰陶，進而創作出流傳於世的珍貴作品。由此可見，台灣在現代化的過程中，基隆絕對扮演著重要的先驅者角色。

　　戰後，國民政府持續推動商港及漁港現代化，台灣第一個文化中心、高速公路、工業區、國民住宅等現代化工作持續建設，但隨著 1990 年代台北港興建，中央不再聚焦基隆，省虛級化及六都成立，省轄市基隆也失去政治能量與財政資源，而跌出台灣城市的競爭網。

　　而基隆承繼現代化遺產，戰後卻持續陷入所謂的現代化應以工業化為首的偏執思維，海洋、自由社會被禁錮，造成缺乏反省及自我省思批判的現代核心精神，超越過去的科學精神喪失，海洋主體被地緣與國族思維取代，自由勇氣及冒險海洋基因也被置換成保守分配政治，如何了解並批判基隆歷史，成為基隆再起非常重要的工作。

　　基隆因國際貿易交流而興起，也因全球化的發展而沒落。

九〇年代末，基隆港經歷光輝年代巔峰，之後因為腹地過小等因素，不敵鄰近地區港口競爭而逐漸衰退，連帶使得基隆的都市建設發展遲緩。而原本屬於基隆港輔助港的台北港，因為占地平面積大，更漸趨弱化基隆港貨物吞吐的功能。

曾經是全台灣最時髦的港都，因此沒落下來。由於基隆港深入市區，港周邊的發展因而受到影響，基隆市民的生活也是，曾經，海洋帶來不夜城的熱鬧生活不再，正向繁榮的生活記憶成為基隆人的負擔，集體的焦慮、東北季風及陰雨，讓基隆的灰更為陰鬱，人們只能面對失業與外移的處境。

以基隆市內部建設而言，因市政府擁有的土地並不多，港際及市中心土地產權主要在港務公司、鐵路局、航港局、國防部、農委會等單位手上，市政府無權進行港市再開發。

此外，基隆超過百分之九十四的面積為丘陵地，根據《水土保持法》規定，凡超過一百公尺以上就屬於山坡地，山坡地因為環境保護及預防天災等考量，若進行開發需要符合山坡地的各項法規，當中的行政成本相當複雜，在台灣快速、追求單一無特色現代化城市，以及大陸土地霸權的思維下，基隆發展相較台灣其他地區困難且麻煩。

因為道路交通系統容易壅塞，鐵路系統逐漸老舊，而後有了高速公路，雖然增加便利性，卻也因為不對稱的發展意識反而帶走人潮。國民旅遊開始，在單一無特色的觀光發展下，遊

修復後的要塞司令部。

客從七堵、八堵一路到新北市北海岸旅遊、踏青,享受郊區自然純樸的景觀及人文特色,基隆從此逐漸被人們遺忘。

大基隆歷史場景再現

根據計畫源頭「文化部再造歷史現場專案計畫」,再現歷史的意義,除了是以專業的歷史論述,建構起文化記憶庫;以有形的生活空間結合無形的歷史文化記憶,以此帶動城鄉發展;並讓歷史故事與現代生活產生連結,透過多元形式重新產生場所的意義,回應二級城市該有的風貌。

在 2020 年一場基隆市文化局的出版活動上,市長林右昌就曾公開表示:「一個城市的治理與背後的歷史價值有極大關聯,基隆(市政府)這幾年把文化、歷史放在市政中非常重要的位置」,因為「一座城市的空間與文化能夠連結,才能持續有向前發展的能量」。

自大航海時代起,基隆就是許多族群的登島入口,有著橫

「大基隆歷史場景再現整合計畫」的工作,
是希望藉由梳理基隆歷史,串連起重要歷史紋理,
除了改善現下生活,更開闊未來城市方向的重要途徑。

跨四百餘年的歷史紋理，地景蘊含著不同族群於此構築的城市記憶。隨著時代更迭，基隆的故事一度隱沒於時間洪流中。為再現歷史紋理，找回城市記憶，基隆市政府以東西岸及和平島的文化底蘊為基礎，修復具歷史意義的景觀和建築，將歷史場域重新融入城市空間。

「大基隆歷史場景再現整合計畫」，就包含從西岸一路延伸到東岸與和平島的三大重點範圍。

這三大範圍的歷史風貌截然不同：西岸在日治時期有著極為活絡、築港過程中同時醞釀出人情味的社區聚落。和平島上，則有市政府與專業團隊考古發掘出土的文物，最早可追溯到西荷時期，甚至兩、三千年前的圓山文化。至於東岸，從海洋廣場一路延伸到法國公墓範圍一帶，到現代人最為遙想的市區內的沙灘海水浴場。

歷史修復的過程中，無論是大面積的東岸要塞司令部、旭丘指揮所，用於防禦的大沙灣石圍遺構、修復木作的校官眷舍，還是和平島上考古出土的沙石、瓦片和器皿，都不僅是單一的文物，而是文物的歷史內容將會連成線、構築出完整的歷史斷面；更重要的是，它們都象徵了台灣發展史的再發現。

基隆這個古老的繁華城市，累積許多有形、無形的記憶，市府團隊爬梳豐厚的歷史脈絡，將城市裡的文資群做區域廊帶規劃，於 2017 年啟動「大基隆歷史場景再現整合計畫」，透過

考古專業團隊、居民參與、基隆市政府的三方合作，打開考古遺址，保留屬於基隆城市特有的建物與歷史空間，認識腳下土地的痕跡與智慧，見證城市歷史足跡。

在考古發掘過程中，在和平島和一路上發現了四千年的文化層，透過一個深度約三公尺的考古發掘坑，涵蓋了從新石器時代（訊塘埔文化）、鐵器時代、清治、日治至現代等多層千年文化軌跡斷面。另外，現場還發現許多台灣北部原住民舊社遺跡，出土的鐵渣、玻璃珠、印紋陶、青花藥罐等，都見證了當時煉鐵、對外貿易等生活的證據。

和平島上聖薩爾瓦多城及諸聖教堂考古遺址（Todos Los Santos Church）的出現，證明了遠在四百年前，「北雞籠、南大員」是認識台灣歷史最主要的線索，「雞籠」則是代表台灣的國際航海坐標，躍於世界大航海圖紙上。

歷史挖掘當中，最為寶貴的應該要屬考古團隊與在地居民的互動。

市府團隊與考古團隊邀請在地居民參與部分工作，不僅保留現址，更讓所有人都可以靠近遺址，提問並獲得解答。以「現代考古」的精神，就是從社區開始，幫助市民了解自己的土地，重新認識基隆，乃至整個台灣歷史。

市府團隊居中扮演重要的協調角色，與居民達到共識，將和一路的停車場改為現地博物館。除了課本，現在多了歷史場

景現場，師生透過在地教育內化歷史知識，在地居民透過參與產生認同，認識腳下的土地，進而愛上這塊土地。

再現基隆歷史，海不再是基隆的阻隔，而是邁向未來更寬廣的道路。千百年來，各種族群操舟、揚帆、駕船來到基隆，使台灣這座小島因緣際會站上國際舞台，促成了輝煌大歷史。如今基隆則是承接這樣的世代資產，譜寫城市新篇章。

市府與社區攜手，走讀歷史現場

過去台灣各縣市利用文創產業進行文資保存，幾乎是以設立咖啡館，或讓社區人士當志工、辦活動為標的，形式多半流於表面，策略方法和投資也較少。

基隆則做出了不同於過去的成果。從城市治理的實務面來看，「大基隆歷史場景再現整合計畫」與社區緊密結合，從工作坊開始，讓市民與專家一起講古早的故事，將市民與文史工作者的故事疊成一張圖之後，才確定了基隆歷史修復的熱點。

徐燕興回憶，都發處從 2015 年 9 月，結合實踐大學推動「昨日之島」設計競圖工作營、2016 年 2 月辦理二沙灣旭丘歷史場景工作坊，直到 2016 年 4 月舉辦基隆港西岸再生工作坊；一路走來，有意識地將社區、文史工作者、旅外學子、專家學者、都發處及文化局基層員工、區公所聚在一起，聽歷史看地

圖談記憶，以走讀方式打造歷史場景模型，這些成果就是今日文化部補助「大基隆歷史場景再現整合計畫」的基礎，當時就認為這不僅是政策執行，而是城市恢復行動的開端。

歷史融入基隆市民的生活環境當中，「沙灣歷史文化園區」打開塵封多年的基隆要塞司令部校官眷舍、法國公墓周邊公共空間，是民眾假日運動、親子同樂的地點。市政府更將舊基隆火車站部分建築體保留，跟與車站相連的綠色步道融合，讓市民能夠穿過歷史長廊。

在設立沙灣歷史文化園區的過程中，市府和社區一起討論，一同走讀地方，討論想法。多方參與者在面對文化資產議題中複雜難解的細節及各方價值立場，並沒有發生太大衝突，反而在凝聚共識的過程中，讓歷史場景的再造工作針對在地需求，加入符合生活需要的設施。

沙灣歷史文化園區的基地中，可以看到幾百年前大雞籠社聚落巴賽人的生活貝層（貝塚），見證了台灣文化歷史的發展軌跡。大沙灣石圍遺構向下考古的過程中，發掘到的出土文物最早

基隆歷史場景再造不僅是點狀的文資保存，更是面狀的保留。
改善公共環境，以步行系統縫合破碎的都市空間，
將文化空間轉化為生活場景，提高場域可及性。

可溯及四千年前。

　　接著細數此地的歷史，1884 年清法戰爭，基隆是台灣北部的重要戰場之一，園區內的大沙灣石圍遺構見證歷史的發生；1902 年，這裡有全台灣第一座海水浴場「大沙灣海水浴場」，透過流水巴士、沙灘遊樂園，當時是日治時期現代時尚的窗口與試驗地。

　　2018 年市政府與國防部協商代拆代建中濱營區，打開太平輪紀念碑，讓思念不再需要申請；2020 年，要塞司令官邸與校官眷舍古蹟修復完成。市政府透過都市設計、再造歷史場景的手法，將基隆東岸橫跨「史前、清領、日治、戰後」不同時期的重要文化資產點縫合起來。

讓歷史紋理與地景回歸生活

　　2021 年 10 月，這些歷史地景正式以「大沙灣文化園區」的面貌與居民產生連結，將基隆過往的四百年歷史，透過空間再造與形塑，甚至運用 AR、VR 等技術，讓人不僅身處真實歷史現場，更浸潤在當時的情景當中。

　　市政府除了以公園和行人步道串連不同年代遺留下的建築，並植入兒童遊戲設施，將難以親近的歷史場域，打造成一處同時具備生活感、人文和歷史社會性的公共空間，透過舉辦

系列活動，將舊建物變成一座各年齡層都能同樂的樂園，結合文創、表演藝術、美食，將人潮帶到歷史場景。

「大基隆歷史場景再現整合計畫」不只是硬體修復，更重要是背後的精神，是基隆新社會連結的基礎，彷彿回到百年前，基隆現代化的發展，是由許多前輩、團體、地方菁英聚集在同一個場景，大夥快樂地想像更美好的城市，並逐步付諸建

沙灣歷史文化園區將三個文化資產串聯起來，成為市民新的生活場域。（攝影／陳漢儒）

設的行動。

所謂文化與歷史是生活，要有實體環境，人們才能透過空間場所去體驗與感受，形成生活經驗。基隆歷史場景再現，讓歷史紋理與地景回歸基隆人的生活，而「散步到沙灣」則成為一種市民日常確幸。

打開歷史場景連結現代生活

從文化與地理的關係來看，我們可以知道，表面上看起來是生活中歷史場景的再造、再利用，但人們不應該將文化空間視為消費性場域，而應該是具生產性的主體，這樣城市發展才能夠擁有永續的經濟。因為文化生活空間的背後，就是一個創意城市的基礎。

而做為創意城市基礎重要環節的歷史場景再現計畫，也在基隆的蛻變過程中扮演起非常重要的角色，讓外界深深感受到，這幾年的基隆，真的變得不一樣了。這其中，基隆市政府打開歷史景觀的舉措十分關鍵，從修復古蹟、老房子，讓市民可以對過去歷史產生共鳴，了解建築背後的歷史。

此一改變能做為城市的引擎，帶給山城聚落一股新的生命力，並產出結合在地文資的各方面產品與服務，展現飽含基隆的文化能量、文化資產自身的歷史價值，刻劃出這座海港城的

新故事。

　　基隆市政府由縱向面，自山區到平地，將舊的文化史蹟一一盤點清理、串聯，修復山坡上的眺望點，使民眾可以享受環基隆的景觀。此外，也串聯遊港都的橫向水平面，停止招生的太平國小先是改成市府團隊的辦公空間，而後由「太平青鳥」書店進駐經營，做為城市消費、閱讀、看海的休憩園地。

　　走向位於東岸的基隆文化中心，緊臨信一路的田寮河，透過河川整治工作，水質變得更加清淨。市政府同時與港務公司合作，使基隆港不再有油汙及氣味，讓民眾願意到水邊散步，看黑鳶在空中翱翔；甚至魄力地拆除有礙視線的老舊人行天橋，讓人從台北經由高速公路抵達基隆時，能有一片藍海映入眼簾，心曠神怡。

　　週末假日，若是從西岸的基隆火車站下車，可以走到由過去不友善的空間改善而成親水的國門廣場拍照，邊欣賞水岸風景邊吃美食；再沿著港邊散步，走過市府團隊一上任便保留下來的西二、西三碼頭，同方向繼續前行，便能抵達白米甕砲台。

　　在東岸，沿著連綿不斷的綠地，可以一路走到法國公墓，往內走能到正濱漁會，再往後就是新開放的遊客中心（前身是舊的派出所），過去只有主要馬路緊鄰兩側房屋，並沒有人行道的空間。

　　而未來軍港移到西岸，也將工業範疇的建築體往西移，區

別商港觀光港跟工業港，基隆港將是一個「生活港」，是一座「文化港」，是讓人休閒、愉快的港，更是台北都會區繁忙緊湊工作中，生活重新充電、再思考、激發創意的「能量港」。

基隆過往的城市規劃缺乏人行道，對行人並不友善，如今人們可以從馬路進來，也可以從水邊進來，並且能夠帶動商業行為，有餐廳、商店、旅遊服務，近幾年也有許多小型獨立書店開張，或是文創店面結合小型民宿興業。

城市光榮感，喚回青年力量

而更深入觀察，對於城市裡的人們，基隆再造歷史的經驗發揮了什麼樣的作用？對基隆的未來產生了什麼化學變化？

西岸碼頭的改造與空間開放，使基隆產業博覽會及城市博覽會能在其中舉行。許多外縣市年輕人湧進，產生重新認識基隆的興趣，進而樂於探索這個城市的文化資產。

另外，和平島上有許多祈求出海平安的廟宇，外來者能藉此來一趟當地民俗巡禮；水上倒映著色彩屋與山水交融輝映之萬千變化顏色，正濱漁港開始醞釀青年回流的氣勢，從咖啡廳、餐廳、文藝空間、民宿到創意工作室，擺脫過去只有黑漆漆的修船廠的景象，街道上逐漸有了生氣。在連鎖反應之下，文創藝術家也加入正濱漁會的改造工作，更有些文史與文創工

作者，開始為有興趣走讀探訪的人們做深入解說。

「歷史景觀的再造，會令人產生榮耀感或者是一種責任感，並開始良性循環，」文化大學景觀學系教授郭瓊瑩說，她看見基隆的改變，不是只靠政府的力量，而是政府打造開放的氛圍，使民眾自身起而行改造基隆，很多年輕人因此搬回基隆，開始懂得欣賞自己的家鄉。

「產生榮耀感，其實才是最大的（回鄉）力量。他們開始會驕傲地說，我們基隆很漂亮、是有深度的。這些回饋勝過一切，是無法用金錢衡量的，」郭瓊瑩說。

例如，基隆市水巷內產業發展協會的成立，正是一種在地新氣象的展現。「水」加「巷」，正是港都的「港」字，這是一個創業交流園地，讓不同專業的年輕人在基隆聚集、串聯，舉辦讀書會、分享會等活動，互相分享資源，打造新的基隆。

「要讓民眾對一個城市抱有希望，政府就要讓民眾看到未來，」郭瓊瑩強調，那是以前的基隆民眾看不到的未來。長時間沒有新的建設，建築黑暗老舊，大船進港帶來的不是希望，而是汙染。如今的基隆擺脫這些陰鬱的過往，但人們也必須了解，城市改變不是那麼快，因為許多產權問題，市政府仍需跟中央協調。

郭瓊瑩觀察，要將文史地貌豐富的基隆打造成文化港都，市長林右昌扮演重要的角色，因其所學背景是城市規劃及環

以 710 座船燈組合而成的「山海鳴光」聲光裝置，在城市博覽會首度亮相，結束後原地保留，成為基隆新地標。（攝影／原間影像朱逸文）

城市博覽會的成功是市政府整體規劃、有效領導的成果。圖為正濱色彩屋光雕秀。

境景觀，從學理到實務都有全盤概念，對城市治理工作幫助極大。此外，林右昌廣納賢才，尋找全台灣各路好漢一起加入團隊、改造基隆，一步一步梳理基隆的問題，並建立內部共識。

日後，新的市政府規劃搬移至東七、東八碼頭地區，成為入港的大地標，舊的市政府將轉變成博物館或藝術中心。雖然如此願景還需要花個十年來完成，但經過八年的再造，基隆已經改頭換面。

有城市史研究背景的徐燕興觀察，歷史上帶領人類文明前進的，都是依水城市，譬如 17 世紀以來，阿姆斯特丹、倫敦、紐約、舊金山、東京、上海、香港、西雅圖、赫爾辛基等，都是靠著海洋歷史，憑藉著開放、自由、公私互利合作和實驗精神，成為具有競爭力的城市，相信在具有前瞻與未來性的規劃下，基隆也有這個優勢成為帶領台灣前進的力量。

想像一名年輕人，在基隆出生，離開基隆工作，從祖父母的世代以來，看到的都是一個灰灰暗暗的港都。如今城市改造的成果逐漸顯現，產生良性循環與感染力，吸引他返鄉觀察，產生對基隆的好感，覺得這個地方好玩。當年輕人熱情的火苗被點燃時，就能迅速串連起許多有志之士，回來建設基隆。

未來，會有更多人趁著假日到基隆遊玩，沿著北海岸到東北角騎腳踏車，或者下海游泳、潛水、划獨木舟，甚至到「阿拉寶灣」一賞地質公園的景色，欣賞最美的日出與夕陽。

改變已經開始，基隆不再被當成首都邊緣城市和臥城，而是一個具有歷史深度、文化包容的海洋國家門戶。

1：出自天下雜誌「幸福城市大調查」2010 ～ 2014 年。

2：出自 1995 年由麻省理工學院出版社（Mit Press）出版的 *The power of place : urban landscapes as public history*。

經過基隆市港再生標竿計畫八年的努力，讓基隆市港改頭換面。

共創基隆：
地方創生的限制與回應

歷史現場在軟硬體上產生改變，
民間力量同時由下而上串連活絡，
回基隆的返鄉青年們，
各自用自己的專業轉譯、打造不一樣的基隆。
青年進駐所產生的化學變化，使整座城市重新找到希望。

　　對許多基隆人來說，近年來回基隆有了新的意義。歷史場
景再造，重現出基隆舊時代風華，不僅打開基隆的城市空間與
文史縱深，更賦予城市新的生活，帶來前進的動力。

　　而如何將這樣的力量延續、活絡市民社會，便是城市治理
中至關重要的一環。

　　近年全台風靡的「地方創生」，是從過去的「社區營造」
的基礎而來；以地方治理角度，探討地方政府如何與地方創生
協力幫助城市發展，不落入舊瓶裝新酒的窠臼，成為一道有趣

的題目。

回基隆——地方創生的前世今生

　　空間被打開後，其中缺少不了的是「人」。過去，基隆人對家鄉的印象，是清晨與黑夜中的基隆。通勤外地讀書、工作是每個人的成長記憶，回家只是回一張睡覺的床。灰色陰雨、腳下是濕滑的汙垢，氣味難聞，許多人甚至搬離家鄉。

　　大環境產業結構的改變，使基隆過去近三十年間沒有太大的發展，基隆人口大多成了輸出台北的勞動力，年輕人畢業後便往外地發展，基隆逐漸失去活力。為了解決這樣的問題，屬於基隆的地方創生，內容是關鍵。

　　首先，地方創生的關鍵要素「人」、「地」、「產」，對於基隆而言，它們分別具有什麼樣的內容？

　　地方創生其實是來自日本政府 2014 年的政策，因日本面臨嚴峻的人口危機而起。當時，日本政府評估社會在高齡化及少子化的高度衝擊下，農業縣及二、三級城市都將面臨勞動力不足、人口消亡的生存危機，因而制定此政策希望能讓地方「活」起來。

　　台灣也同樣面臨人口問題的挑戰。根據內政部最新人口統計數據顯示，台灣的人口數已連續兩年負成長；2021 年全年每

個月出生數皆低於死亡數，新生兒數創歷史新低紀錄。

人口危機不僅僅是數字，地方與市場漸漸脫節、人口外流、地方超老齡化等結構性社會問題將伴隨而來，而除了人口減少的因素，這些問題亦直接與「老」地方產業無法獲得「新」市場需求的認可、價值無法被看見有關。

因此，台灣的地方創生政策應運而生，政府更揭示 2019 年為台灣的「地方創生元年」。

地方政策的脈絡

回顧台灣中央政府的地方政策，1994 年推動「社區總體營造」，在策略上希望凝聚社區共識，促使在地居民積極參與公共事務，喚起社區認同感，凝聚社區意象，同時致力塑造社區文化、經營社區特色，帶動地方經濟的發展。

至於「社區營造」與「地方創生」的差別為何？如同國家發展委員會副前主任委員曾旭正在〈有了社區營造，為何還需要地方創生？〉一文中提到，地方創生和社區營造都強調在地民眾的自發性與參與性，但兩者不同之處，在於問題意識及行動範疇。

地方創生要處理的，是更大範圍的全國性高齡化與人口減少問題，目標放在如何有效減少人口外流問題、吸引年輕人口

返鄉或移居。因聚焦於人口與產業問題，需要更大範圍行動，強調跨區、跨域的連結。

一般認為，社區營造工作的經費由於依賴政府補助，如果計畫目標無法在期間內實現，或是成效不彰，參與的居民人數、熱忱及行動力將會降低，久而久之便可能面臨動員困難的危機；而地方創生強調在地團隊建立商業模式及永續發展，著重企業角色，鼓勵縣市政府引導企業回鄉，協助地方產業的活化與創新。

因此，地方創生是社區營造的補充，而非對立的兩項政策，地方創生若無更強大的意識耕耘地方、社區，將人與地之間的關係緊密連結，創生的永續性將會受限。

徐燕興處長提醒，台灣常常欠缺主體問題意識的研究和討論，近二十年學術界在快速國際化的要求下，本土扎實研究的空間大受擠壓，知識準備不足就要應用。很多國外理論與政策都常非脈絡化地解析就抄襲至島內，雖能短期看到缺失改進，卻彷彿像瞎子摸象般，未能看清全貌。

如何打造地方品牌？

在地方創生的強調下，基隆市政府這幾年來慢慢梳理歷史紋理，藉由中央資源挹注，盤點文化資產，打造創生的基礎。

基隆將長期閒置的私人老建築林開郡洋樓，經由積極協調，於城市博覽會打開。其背後意義在於，基隆改變公有所屬的概念，進而打動私人參與城市改造。（攝影／定影影像工作室）

因為挖掘出基隆的文化底蘊，整體的城市地景、具有歷史縱深的城市性格，也因此被展現出來。

　　「基隆有形的資產都完備，下一步才是基隆的真正開始，」林事務所執行長、服務設計師林承毅分析，所謂的下一步，就是打造屬於基隆的城市「品牌」。

　　打造「地方品牌」包含三個階段：挖掘、轉移、詮釋。「挖掘」是指透過整理文史資源、再造城市地景空間等方式，挖掘出地方魅力；「轉移」則是進一步豐富空間中的內容（contain）；有了內容之後，便要透過「詮釋」，將內容轉化成不同的產品或體驗服務。

　　地方品牌的經典例子，可以日本九州別府為例。別府被稱作「溫泉鄉」，然而民眾到了溫泉鄉不僅能泡溫泉，還可以從溫泉產生一種療癒的感覺，並依此定義地方，串連起周邊具有療癒感的相關服務與體驗。

　　回頭看基隆。從歷史文化發展、全球地理位置的視角下，基隆被市政府定義為「起點城市」，這種具特色亮點的概念，就是打造城市品牌的出發點。林承毅認為，以古城定位來說，基隆的歷史發展很早，其文化基礎甚至有潛力成為另一個「古都台南」。

　　與台南不同，基隆別具特色的要點是：天然條件及過去的時代背景，讓它成為一個深情的所在。例如西三碼頭，在歷史

上就是人們別離與再歡聚的場所；加上多雨特質，對現代人而言不由得又增加一股浪漫情懷，吸引許多人來到港邊散步，療癒情傷。

「這種獨具風情的文化藝術，未來如何轉化成可持續性的模式，甚至商業模式，會是基隆日後發展一個非常重要的關鍵點，」林承毅說。

基隆有價值的資源是無形的。包括觀光旅遊、休憩景點，甚至可以發揮區域特性，成為大台北地區（北北基桃）九百萬居民重要的休閒地點，因為基隆的城市街景氛圍與大台北地區迥異，這是林承毅眼中看到的基隆的機會。

建立起「地方內容、知名度、自信心」之後，自然會開始吸引人回來做事。林承毅分析，自明性、自信心與認同感，讓回來的人看到基隆議題，在基隆落地深根，透過不同的政府計畫資源，產生全新的行動方案。而以地方為榮，其實就是「以自己在這裡做事情為榮」，因為在家鄉所做的事情就代表了地方，更能夠以身作則，做出更多動人的事情。

時代運動——青年返鄉浪潮

青年返鄉背後的環境因素，是近年來因一股社會運動、土地運動風起雲湧而來，年輕人開始關注社會正義話題，特別是

2014 年暴發的太陽花運動，使得年輕人並不像早期，把回到地方工作當成是人生選擇的對立面。

此外，更大原因是後全球化的時代條件，使台灣城鄉經濟水平差距愈拉愈近，線上工作、跨區域工作風氣日盛，年輕人不一定要留在城市中，在鄉野也可以從事創新創意的工作，展現自我價值。

青年從時代運動中走向更大、更實際行動的案例，或許可以「回基隆」臉書粉絲專頁為例。

「回基隆」臉書粉絲專頁的創辦人李奕緯，因為覺得基隆人普遍缺乏地方歸屬感，所以創造出網路空間，以深度及刻劃人心的文字，介紹基隆大小事，勾勒出基隆面貌。

這個臉書粉絲專頁不僅喚起基隆人的共同回憶、更新近期基隆訊息，也讓人看見基隆的魅力。除了虛擬網路空間，平台更著眼於建立連結人們的實體空間及活動。

台灣經濟研究院研究員盧偉俊就指出，在最近一次青年返鄉浪潮中，可以發現年輕人的在地工作模式明顯擁有跨域特徵，不僅是地理上的跨域，還包括跨新舊、跨文化、跨產業、跨領域的行銷創意等。至於為什麼會產生「跨」的性質，是為了在地立足所發展出來的生存模式，以開放且包容的精神，匯聚各種資源，降低外來者與在地人在各種層面上的衝突。

而這些基隆地方創生團隊秉持著讓基隆更好的信念，為城

市創造出新的機會，以下介紹返鄉青年深耕基隆的案例。

雞籠卡米諾

　　卡米諾團隊以基隆文資議題切入，幫助基隆梳理歷史，透過導覽旅遊形式，讓更多人認識基隆。身為基隆人的團隊創辦人單彥博，是 2016 年基隆文化局「聽時光說古蹟」課程小組的一員，海外求學歸國的他，希望多認識自己的家鄉，便與夥伴興起創辦文史工作室的念頭。

　　而雞籠卡米諾透過研究文獻、實地探勘、訪查研究等行動，深入基隆文化資產及人文歷史，針對不同文化層次與面向進行主題導覽，在團隊成員各自兼職投入的努力下，2019 年「雞籠卡米諾」（Keilang Camino）正式成立。團隊名稱「雞籠」（Keilang）是基隆的舊稱，「卡米諾」（Camino）則是西班牙語「路」的意思，代表四百年前曾在這裡的西班牙人，會取此名也是希望基隆未來能夠走出一條屬於自己的路。

和平島公園

　　和平島公園是 2018 年由一群基隆在地青年所組成的團隊，創辦人黃偉傑是基隆人，2013 年回到故鄉，投入在地特色產品

的推廣，後來與交通部觀光局北海岸及觀音山國家風景區管理處合作，取得「和平島公園」長達十年的 OT 經營權。

和平島公園以創新經營模式，兼顧觀光與教育，推出「阿拉寶灣深度之旅」，介紹當地地理風景與原住民社群的故事，也跟地方傳統產業「海女阿嬤」合作推出特色產品。「和平島公園」於 2020 年取得 ISO 20121 永續認證的國家級景點，成為亞洲唯一獲得認證的公園。

雨都漫步

基隆市政府推動的歷史場景再現工程，讓地方創生團隊有空間進行富有文史底蘊的策展活動。

例如雨都漫步團隊創辦人 Mila，受到家鄉基隆特色民俗祭典中元祭的啟發，燃起傳承家鄉文化的熱情及信念，並連結活動中認識的文史工作者們，開始在雨都漫步的專欄撰寫關於基隆中元祭的文章。

同時，他們嘗試將富有當地傳統文化的地點串接成短程旅行，期望透過「城市漫步」的方式，讓人們深入了解這座城市的文化與風貌。

例如，「魚市無眠」是遊基隆有名的魚市場——崁仔頂魚市。還有基隆私娼寮的行程、漳州泉州移民械鬥的「老大公

廟」、基隆美食之旅，以主題旅行的方式，讓更多人知道基隆的真實面貌與美好。

委託行

委託行是基隆依港而生的特有產業聚落。早期，台灣市場中少有外來商品，遠洋商船的船員來到台灣，帶進外國商品，交給特定店家寄賣，因其稀少，使得商品賣價佳，為店家帶來可觀利潤，在當時引起一股跑單幫熱潮，這些寄賣店家就被稱為委託行。

在基隆市區可以看見大大小小的委託行店面，但是隨著商港沒落，以及新興網路購物的蓬勃發展，委託行也逐漸凋零。

邱孝賢、童子瑋、歐陽瑞蓮三位創辦人，串連基隆的青年創業家，推動青年創業市集、輔導廠商進駐、租賃委託行店面，希望能夠讓基隆老街區復甦，並穩定長期發展。

新土地社會運動興起

「我們將結集一群青年社群的創意行動，稱之為新土地社會運動，」同樣屬於地方創生團隊、星濱山共創工作室創辦人林書豪說。

基隆委託行經由地方創生，重新找到新生機。

　　林書豪將「藝術共創」（Creator In Residence, CIR）的理念與方法帶入正濱。透過廣義的創作者進駐，包含藝術家、設計師、建築師等創意人才，結合地方特色，跨界合作、在互動間激盪出火花，目的在於傳承地方文化。

　　星濱山團隊中有來自建築、設計、藝術的人才。除了有星濱山共創工作室舉辦藝術節、插畫節等以藝術結合在地元素的活動，讓基隆的藝術氛圍及社群逐漸成形之外，更與夥伴創辦

星濱海港學校，以實作教學和深度旅遊融入地方特色素材，並達到教育及傳承地方文化的目的。

例如，漁網燈是課程開辦以來頗受歡迎的體驗作品，學習在地漁民如何編織漁網，利用海廢漁網做成具有藝術感的永續再生燈罩，將傳統與現代巧妙融合。

工作室附近的另一空間中，則邀請藝術家進駐創作，並媒合正濱地區一帶的老屋，以及有意進駐的小創業家，在港區打造出小而美的餐廳及咖啡廳，以及具備策展功能的永晝海濱美

星濱山共創工作室團隊共同討論正濱地區的再生。（星濱山共創工作室提供）

青年組成聯盟共享資源

除了創生團隊，在基隆也可以看見許多在地年輕人回流，紛紛組成聯盟、平台，組織串連起在地與跨域的資源。

譬如，水巷內產業發展協會，就是一個最好的案例。

基隆市水巷內產業發展協會創會理事長，是和平島公園創辦人黃偉傑，協會集結了在地青年創業與地方創生代表，形成聯盟及交流平台，為在基隆做地方創生的青年提供更多支援。

協會成立的目的除了交流、集結資源，同時也幫助市內小商家的發展，更以永續觀光價值推動各項工作。譬如，與基隆市政府及廠商合作，打造以雨量做為各店家優惠標準的創意行銷方案，不僅帶出基隆多雨的特色，也吸引許多在地咖啡廳、特色料理、伴手禮等店家共同響應。

為了解決年輕人外流、空間閒置及產業沒落問題，基隆市政府每年舉辦「山海工作營」，邀請居民和建築師、藝術家共組團隊，在太平山城社區駐點創作。

術館，並在設計和行銷層面上給予支持。同一條街上，還有嚴選在地商品、伴手禮、銷售地方雜誌的星濱選品客廳，幫助優質、環境友善的在地品牌發展。

星濱山團隊的經營之道，就是投入地方創生、打造美好生活之餘，靠著接案維持生計。

雖然進駐時間不算長，但這些成果絕非一蹴可幾。

林書豪跟正濱最早的緣分，始於 2015 年就讀實踐大學建築設計學系研究所時，參與基隆市政府都發處舉辦的「昨日之

島」設計競圖工作營。「昨日之島」使得實踐師生進入正濱漁港，林書豪也因此深入認識基隆。

2016 年，經過日本瀨戶內國際藝術祭與橫濱黃金町的洗禮之後，林書豪因為喜歡海，加上在基隆結識現在的太太，搬到基隆居住。2017 年開始在太平山城做地方創生工作，年底正式來到正濱漁港，從零開始做田野調查，連結地方人士，引進青年創作者進駐跟在地民眾參與，以「藝術創生」打開基隆港邊的空間。

因為看見基隆缺少藝術與文化的發展，以及社群交流互動的平台，所以最初找資源組成團隊是用「藝術共創作品」的心態，將地方工作看成是實踐理念的行動，並非以營利為目的，之後才逐漸走向創業。

林書豪說：「台灣這幾年有很多青年願意回到地方，不一定是返鄉。這是個有趣的現象，有些人會去一個地方是因為工作，甚至是維繫親密關係等因素，在某處停留常駐。」

藉故事性強調價值

林書豪認為地方創生的關鍵，是需要有心的人來經營，否則無法長久，因為地方創生的內容不只有經濟成長跟資金流動，而是需要秉持與地方共好的原則，所以論述十分重要。

從地方青年團隊到地方企業家，都強調價值，不管是生活價值、對企業的價值或對社會的價值，都有屬於自己的論述，並開始影響外界、個人及周邊的人們。「我們認為，應該把地方的內容轉換成可以被閱讀的內容。從創作來看，就是重新講故事、重新媒合，」林書豪說。

舉例來說，2022 年永晝海濱美術館的主題「嘰嘰喳喳」，基隆的中正公園因為有了青年創作者的作品轉譯，有了故事性，才能讓觀眾用新的眼光看待它，變得更具吸引力。

至於「創業媒合」則是實質改善空間，讓老屋不是只有老屋，而是代表文化及產業，透過老屋媒合的行動，可以讓創業青年有機會留下來。

基隆的地方創生，無論是處理什麼議題，都在形塑一種獨一無二的基隆海港生活，其中蘊含的是整個城市中人們的生活態度。例如，以「討海人的夜半溫柔鄉」重現基隆的時髦咖啡風情。基隆做為全台灣咖啡店密度極高的城市，又因港口條件，讓咖啡與海洋有了密切的連結關係。

在 1990 年代，天亮之前，崁仔頂魚市的漁販、跑夜車的計程車司機及碼頭工人，都必須早早起床工作，特別需要利用咖啡提神。而當日光初現，港邊的報關行人員、船務公司職員、普通市民等，也都需要咖啡香的薰陶。

因此，用咖啡勾勒出早期基隆海港生活，並與現代年輕人

喜歡喝咖啡、在咖啡館閒坐聊天的習慣串連起來，特別容易讓外界，尤其是不熟悉基隆的人們，感受到海港城市的魅力。

政府、企業與地方協作——如何發揮永續力？

既然地方創生如此重要，政府在其中扮演什麼樣的角色？

以星濱山團隊經驗而言，2015 年基隆市政府都發處和實踐大學的「昨日之島」設計競圖工作營，以及 86 設計公寓，讓受

基隆市政府善用閒置的警察宿舍，與地創人才共同打造 86 設計公寓，為基隆第一個設計聚落。

海吸引的林書豪來到基隆，正濱漁港色彩工作坊於 2018 年 5 月完成正濱漁港色彩屋，結合在地民間與政府共同推動，創造地區觀光亮點，帶來人流。同時，林書豪與星濱山共創工作室也運用地方贊助與群眾募資的方式，舉辦地方藝術節。

隨著人潮湧現，如今色彩屋已經成為網紅打卡景點，店家變多，後續需要設法平衡地方的文化發展。

而林書豪所謂的「新土地社會運動」，是指青年自主執行，政府在旁提供資源協助。過去政府提供的資源，首先是場地，因若沒有空間，地方創生的工作很難進行；其次是行銷，臉書粉絲專頁「魅力基隆」及各局處的社群媒體，會協助報導地方創生團隊的消息，擴大影響力。

共創精神：政府應與地方共同畫出基隆願景

不過，理想中政府的協助與陪伴，要能更符合地方需求，

無論是大基隆歷史場景再現、和平島遺址考古，
以及持續向前的星濱山社區營運空間與社群連結等活動，
這些文化與空間上的發展，都是民間、政府同時並進，
這其中，政府扮演的角色為何？

還有一段路。

「基隆這八年的改變，是在地每一個小螺絲釘所付出的力量，」林書豪說。一如基隆市政府都發處處長徐燕興，在各種場域提出的「共創」（Assemblage）概念，因為公部門行政資源有限，所以在進行改造地方的工作時，地方團隊和企業便扮演著重要的角色。

徐燕興進一步說明，Assemblage 其實是學術界在左／右、由上而下／由下而上、個人／結構、公／私等二元對立的 20 世紀思潮中反省而來的概念，它比當初英國社會學家安東尼・紀登斯（Anthony Giddens）及英國前首相東尼・布萊爾（Tony Blair）所主張「第三條路」的看法，更為貼近土地和政治經濟學的日常。2014 年年底，基隆市政府引進這個觀念，希望以共創基隆為核心，實踐共創基隆。

以林書豪的經驗，基隆的地方團隊因為位於不同地理區塊，必須各自處理不同議題，若要企業資源能與地方有效合作，「公部門應該做為中介角色，協助各方單位建構出生態系，不能期待企業會自動支持地方需要。」

要延續目前的工作成果，各方需要建立共識、共同規劃出港口新的願景方向。林書豪觀察，這幾年民間單位大多各自做事，譬如找房子、租房子、創業，自力更生的結果，和政府聯繫總是較為片段，加上繁瑣的行政作業流程，通常讓民間單位

望之卻步，只有在政府單位有案子發包時，雙方才有機會溝通。

　　林書豪表示：「每一個人都在面對地方故事的新篇章，可是卻不知道地方的未來會變成什麼樣。」要能達成對願景的共識，最佳方式是建立起一個開放的政府與民間溝通平台。平台上各方能放下批評，理解共同需求、制定共同方向，讓專業者、地方團隊到在地居民都有協力的空間。

　　至於幫助地方發展，基隆還有其他需求得解決。譬如道路指標、徒步空間及城市閒置空間，能被轉換成產業利用 。如同

2022 年 6 月舉辦的城博會中，「基隆潮藝術」也是重要展場之一。其中在正濱漁會大樓展出的大型裝置藝術《這是一種鹹鹹的味道》，透過海鹽轉譯基隆海港的氣候、味道等印象。

正濱漁港要發展觀光，還有很多地方需改進。

因此，2022年基隆市政府都發處嘗試以「基隆正濱漁港周邊再生計畫」建立更好的創生平台，並以都市計畫檢討為目標，讓正向創生的關係持續對話與滾動。

擺脫補助宿命，找出永續經營模式

雖然政府角色至關重要，但是地方創生要能長久經營，並且獨立自主，團隊必須不仰賴補助，找出可持續的商業模式。

過去的社區營造一樣談造人、造地、造產，然而卻是將地方特色的人、地、產「符碼化」，成果較為流於表面、缺乏轉譯，且缺乏對生產體系的想像、沒有經濟基礎，團隊一直仰賴補助，最終成為福利事業，只要缺乏政府資源就戛然而止。

譬如日本的丸龜商店街，自2005年至2015年，日本政府耗資一百億日圓打造一條長五百公尺的「高松丸龜商店街」，街上每五十公尺有著要價一億日圓的透光天井，許多原鄉人士因為看好商店街前景紛紛返鄉進駐，然而最後多數皆經營不善、關門倒閉，即使周邊市民活動中心開幕，也難有起色。

深究其背後原因，是忽略地方的重要性與方法，唯有在地居民才真正了解地方需求，以政府由上而下的模式、以外界人士眼光介入在地建設，都將使街道變成脫離地方脈絡的空殼。

日本地方創生專家木下齊也曾語出驚人地表示，「政府的補助是毒藥」，讓地方落入過度依賴補助金的惡性循環，日本各地都曾發生過類似情況。木下齊實際考察過的案例裡，成功的個案都不是接受政府補助，而是能經營出獨立事業，有獲利再投資地方的例子。

政府補助金同時會使地方缺乏成本效益的概念，造成方案本身無法自主永續經營，因此強調由民間主導、創造利潤、對市場的理解，以及提前確立可行的商轉模式，是地方創生成功的關鍵，但徐燕興也語重心長地表示：「地方創生深化過程中我們必須小心，培力的是『經濟人』還是『地方經營人』。」

曾旭正亦曾公開強調，地方創生以地方自主經營為基礎，政府角色固然重要，但其責任應該是創造有利民間參與的環境條件，以及處理如何吸引人才返鄉、如何讓企業提供機會等問題上，提出跨局處的合作解決方案。

此外，我們也必須思考：台灣地方創生真正的問題，應該如何解決。

事實上，台灣並沒有真正面臨「死亡」問題的鄉鎮，看看連鎖超商遍布全台，就連深山裡也找得到店家，不像日本的地方般成為死水。在網路及 5G 行動世界中，具有創意、想創業的年輕人更有機會進入地方創業與生活，徐燕興強調，地方創生的重點應該是用「創生」打造「地方」。

過去，台灣的地方資源長期被市政府福利系統和企業所占領，公共政策決策者需要做的，是說服企業網路打破中心化（centralization）思維，和地區年輕人合作。

「剛剛好」的創生

「剛剛好」是什麼樣的概念？在林承毅眼中看來，剛好的大小、適合基隆的舒服狀態，是基隆可以打造的創生目標。若

水巷內產業發展協會集結在地青年創業與地方創生代表，形成聯盟及交流平台，為在基隆做地方創生的青年提供更多支援。（水巷內產業發展協會提供）

基隆發展出一種獨特、適合城市人口規模層次的生活模式，變成「剛剛好」的城市，就是一種理想的想像。

譬如，星濱山所做的漁網燈，不只是做漁網，而是在實作過程中進行在地體驗與文化串聯，背後有一個好的基隆故事支撐，這個產品若能進一步有效地與企業合作，漁網燈就有可能變成能幫助地方的熱門商品。

此外，地方創生團隊在思考永續的同時，企業也正在密切關注如何落實永續發展目標（Sustainable Development Goals, SDGs）。永續發展目標是聯合國於 2015 年提出，針對全球 2030 年的十七大永續發展目標項目，其中包含發展「永續城市與社區」，是企業要負起的社會責任的指標之一。

因此，未來地方創生團隊的行動，或許可以思考如何對應企業在乎的永續價值，其範疇包含教育、文化、經濟、生態永續，怎樣從中滾動，找到一個可持續性的模式，創造與企業更多的合作關係，彼此之間能交換所需資源，使商業發展朝向更穩健的發展方向邁進。

基隆腹地不大，地方發展規模自然有所限制，
然而地方創生也非「數大便是美」，
剛剛好的規模，或許是另一種理想城市的想像。

另一方面，地方創生團隊也可以從基隆過去的人際網路下手。許多人過去曾因基隆的蕭條而離開故鄉，如今，他們可能擁有企業資源，或是在社會中扮演關鍵角色。透過這幾年基隆光榮感的觸動，這些人士開始找到對家鄉的連結和依戀，而地方創生團隊或許就有機會成為他們未來捐助合作的對象。

營造讓人想待在基隆的環境

地方創生談永續，除了財源，「才源」也是一個關鍵。地方創生團隊如何招攬、留住人才，考驗著經營者的智慧。

林承毅認為，基隆本地人就是最好的資源。即使人才在台北，若能進行好的人才管理模式，也可以在遠端為基隆做事。而政府亦能建立起基隆關係人口的資料庫，因為基隆腹地小，人才缺口不大，在需要時找到專業人士，特別是與基隆有深層淵源的人，為基隆做事的動力才會更為強烈。

事實上，找人才本來就要著眼於基隆在地人，他們或許目前「旅外」，但並非搬到其他縣市居住，而是白天到外地上班，晚上回基隆家，把這些人拉過來的成功機率，遠高於住在其他縣市的人才，因為他們在基隆工作的門檻低，不用搬家，只要換工作，若能移轉他們的能量到原居住地，這群人就會成為基隆非常好的後援部隊。

基隆舊火車站如今改建為城際轉運站,保留鐵路起點軌道及雕花雨棚,與現地景觀環境結合,成為亮點。

　　接下來,必須透過不同模式,讓人才們以最舒服的方式幫基隆做點事情,其核心在於建立起「人地關係」,譬如找回對地方的依戀感,成為切身感受的關係人,慢慢地在這座城市經營副業、兼職工作,或在閒暇時為地方做事,從過程中找到兩地發展的模式,最終衡量生活現實狀況成熟、允許之下,搬回或正式將生活重心放在基隆。

林承毅認為，基隆的層次感一直在進步，目前主要在硬體建設，接下來軟體該如何跟上腳步十分重要。或許可以在短期內，舉辦例如「潮藝術」之類的藝術展覽，或其他文化活動，利用軟性議題讓城市看起來不再冰冷、充滿生命。

　　基隆城市發展，透過政府及在地團隊的努力，已經讓人們認知到基隆正在轉變。但放眼更遠的將來，基隆能夠走多遠，創造多少有價值的服務，牽動旅客與城市之間的關係，也是讓他們願意再回到基隆的關鍵要素，這是除了實質商品及服務以外的價值層次。

　　就好比提到美食，會想到台南府城；提到熱氣球，就會想到台東，基隆要做到讓人感受城市魅力餘韻猶存、在心中地位屹立不搖的層次，才能將人帶回基隆。這個工作需要各方共創，才能積累出更加豐厚的成果。邁向理想基隆，現在只是剛開始而已。

基隆近年來努力創造好的公共環境，圖為基隆城際轉運站與舊火車站間的大頂棚，可以讓多雨的基隆在下雨時也能辦理戶外活動。（照片取自：《Wave Keelung 潮浪基隆》，攝影／袁詩堯）

未來城市備忘錄

設計導入的極限

有想像空間，就能激盪出更多不同的想法，
才有足以解決問題的社會創新能量。
在民主社會的基礎上，透過社會共創，人人都能是要角，
驅動符合地方需求的公共建設。

　　英國政府驅動創新的平台（Policy Lab）指出，從七、八〇
年代起，公共政策制定者開始崇尚科學實證主義之下的決策邏輯
（evidence-based policy making），局限了公部門的創新。

　　事實上，公共政策要有想像力、能有突破，需要直覺的創
造是發想，而不是蒐集資料進行科學決策。將「設計」導入
公共政策，是源於人們想要擺脫過去問題、超越現況的「想
像」，一如「設計思考」就是在強調人的創造性，為城市帶來
不同於過去的改變。

近年來全台灣瘋設計，各地方公部門也吹起一股「設計導入」的風潮。

公共政策導入設計之所以盛行，原因其實很簡單，因為「美」的感受很直觀，「美」的感受能直接反映在民眾對公共政策的有感。

台灣瘋設計：設計導入翻轉城市

台灣設計研究院出版的《設計驅動公部門創新》指出，除了理性的觀念傳播，設計力要捲動更大的社會能量，需要靠「感動」的擴散。書中提出三種感動：設計做為一種風格（style），激起美感的感動；做為一種程序（process），帶來參與的感動；做為一種策略（strategy），激起光榮的感動。

設計導入所帶來的民眾有感及美的體驗，是多層次且深刻的。台灣設計研究院顧問曾柏文觀察，台灣設計導入之所以開始盛行，大部分來自城市之間的互相學習。

最初的設計導入是以美感出發，從台東開始，打造不一樣的景觀。以「減法設計」著稱的池上地區，電線桿全部底下化，縣府拿掉雜亂的人工景觀，讓池上保留單純自然的景觀。現任的台灣設計研究院院長、時任台東縣副縣長張基義，就是把設計帶進台東的第一人。

而這樣的經驗從台東縣開始擴散，城市治理中的設計導入經驗傳到全台灣各縣市，成為現在進行式。具體的展現，就是各地方瘋辦大型設計會展，促成了不少跨界合作，讓建築設計、商品設計、視覺傳達等不同領域的專業人才及技術相互交流、整合，進而與地方政府的施政對接。

而一連串圍繞著設計的活動，帶動公共政策思維邏輯的改變。例如，新竹重大工程會報找來設計界大師當顧問，建立外部設計團隊的信心，使新竹火車站變成第一個美學再造的例子。再向外延伸，屏東縣縣長潘孟安學習新竹經驗，打造2019年的設計展，許多文化菁英齊聚屏東，讓精緻文化在屏東得以發展，激發在地人的驕傲。

地方政府有了中央經濟部、文化部的助攻，大量跨界設計專業整合與交流，城市之間相互導入經驗學習。從新北市的垃圾袋、衛生所設計，到嘉義的設計展，各縣市將設計思考的理念注入施政行動策略，已成為日常。

徐燕興處長指出，民主化、消費化和網路世代的深化，視覺與五感勢必會驅動人們有感，相對於過往本位和僵固的政府組織和計畫，設計思維是個相對容易使用的方法，故設計導入必定會是城市治理重點。

但必須莫忘：設計只是藉由感知再建構新的共好、可持續社會的方法，對於「好社會」的想像、提問、實踐，方為設計

導入的初心。

快樂基隆：設計導入如何解決地方問題？

過去基隆的面貌，天空中一堆纜線，天氣多雨、城市灰暗。基隆人傾向出走他鄉，即使在外地得知家鄉訊息，多半也是負面新聞。而要處理這種城市氛圍及人心頹喪的問題，需要從精神科學結合心理學角度來思考城市規劃，達到人們的集體療癒。

基隆市政府面對問題的首要工作，就是讓基隆「快樂」起來。基隆市政府和港務公司合作，打開岸際空間讓人通行。過去民眾唯一能接觸的市中心海岸只有海洋廣場，如今可以從西二倉庫沿著海邊走，觀海、親海、散心。

在「市港再生標竿計畫」中，市政府讓不同社區、不同族群的市民，發想、共創出快樂的基隆生活；而「老鷹嘉年華」則從在地自然生態出發，由社區強調基隆港灣的陽光明亮氛圍。

此外，一幀又一幀攝影作品勾勒出網紅景點正濱漁港色彩屋的樣貌，畫面中七彩的顏色映在水面上，令人心曠神怡；而基隆舊火車站的彩繪圖騰，也幫基隆黯淡的出城通勤人潮，填上了前所未有的繽紛色彩。

「設計導入做為一種方法，並非單調、教條式的規則，而是不但符合地方需要、能匯集群力的一種巧思安排，更具備打造

老鷹嘉年華是社區主導，結合熱情、色彩、藝術的城市大型活動。

歐盟 2020 年提出的《新萊比錫憲章》，
強調轉換中的城市的概念，和舊時拆掉重建的概念不同。
城市的轉換，必須接受過去的沉痾，設法解決老問題，
透過社會共創，回到生活本質，進而改變生活。

共好未來集體潛意識的隱喻能力,」徐燕興再次強調。

抓住地方感——群策群力的「快樂實驗」

在這一系列的安排之中,我們可以感受到,設計導入必須要有「地方感」。

2016 年的「東岸快樂實驗室」,以東岸文史地貌為基礎,在地與專業人士齊力,形成一連串創意城市解方的開端。

基隆是全台灣擁有最多防空洞的城市,共有 682 個防空洞,源自日治時期由日本人和台灣人聯合挖出的隧道,連接著許多重要要塞。位於東岸中正公園山腳下的信二路防空洞,是長久以來的閒置地景,呈現基隆舊時軍事要塞的面貌,在基隆東岸地區發展脈絡中具有特殊歷史地位,還有日式神社位於防空洞上方。

面對這樣珍貴的文史資源,市政府提出了三道必須解決的題目與參與者討論:

1. 如何打開防空洞?

2. 民眾怎麼樣上山?

3. 商圈怎麼復甦?

做為中正公園「希望之丘」整體環境改造計畫重要的一環,「打開防空洞」是市政府改造城市地景的重要行動,防空洞

在保留歷史與城市記憶的同時，還能做為市民利用及發揮創意的城市平台。

首先，市政府以「基隆東岸快樂實驗室」為名，邀請景觀系、建築系師生與在地里長、文史工作者共同走讀。當時正處於學運風潮，許多社會議題因此被看見，年輕人對於鄉土產生使命感，願意投入相關社會行動。受到此因素影響，「打開防空洞」走讀活動的參與者除了本地人及在地創業青年外，還包括旅外基隆人、設計人。每一組走讀成員，都激盪出不同想法。

聆聽完在地里長及文史工作者講故事，參與者被分配到不同組別，開始進行交流與討論，尋找最佳空間活化的解方。工作坊結束，老師們帶著學生回到學院中著手設計，最終變成學期設計成果，或是畢業設計成果。

這些活動是在市政府都發處「基隆東岸快樂實驗室」規劃下進行，用「快樂」賦予接下來行動新的定位，也植入城市快樂的基因，市政府舉辦公開競圖活動，頒發獎金給得獎者。

這些得獎者提供許多創新的想法，例如，在防空洞內營運酒吧、以 AR ／ VR 為周邊商圈帶來人氣等，注入年輕人的正向創意與心血。而市政府也以邀請民眾寫下祈願繪馬、參與實境扮演遊戲，藉此匯聚群眾想法及智慧，為未來的基隆厚積快樂底蘊。

當時的競圖比賽，除了有專業評審，還加入地方社區投

基隆市政府別出心裁地在防空洞舉辦「東岸快樂實驗室—再生行動成果展」，內容有特展巡禮、競圖評比及實境扮演遊戲等活動。

票，做為在地民意結合專業意見的展現，第一名的得獎規劃，正是建造一部可以上山、連接上方中正公園的電梯，而此規劃後來就成了 2022 年「基隆塔」豎梯的原始概念。

共創機制凝聚共識，避免衝突

有了前期活動的鋪墊，後續的基隆塔建設規劃順利展開。而且與過往公部門及社區之間常產生衝突的情況不同，雙方想

法幾乎一致，彼此認同。這也是基隆市政府在推動重大公共建設經驗中，最令人驚豔之處。

這一連串的安排，就是設計導入的第二個關鍵點：政府在面對重大公共建設時，必須建立一套能讓民眾參與、各方齊力的「共創機制」。

2021 年由民眾票選冠名的「基隆塔」，是一座大型高聳上山、連接中正公園的豎梯。

豎梯位於空了十幾年的廢棄基隆市警察局第二分局，是市政府一直想重新利用的閒置空間。市政府選定市警局二分局做為豎梯的基地，建築本身擁有超大量體，但位於緊密住宅區中，施工期間擾民的程度可想而知。

基隆塔的設計者是名建築師邱文傑，恰巧是東岸參與式工作坊、競圖比賽的評審老師之一。因此，在設計當下，邱文傑就已經了解地方需求、在地文史脈絡，以及設計上需要面臨到的困難及承擔的風險。

而最初，各界在尋求連接山丘上的中正公園方案時，「電梯」就是市民的選項之一。因此，在市政府早期介入時便凝聚了共識，避免與在地居民產生衝突。

此外，這個巨大豎梯，除了必須解決施工期間的擾民問題，本身也有許多設計限制。

譬如，豎梯位處狹小街道空間中，是設計上的一大挑戰。

豎梯往上連接中正公園的土地，所有權分屬六個單位，要溝通統合並處理土地所有權問題，相當費時。更麻煩的是，這麼大的建築結構卻位於狹小空間中，想找到願意執行的營造廠，本身就十分困難。

基隆塔的價值在人，不在塔

所幸，前幾年基隆市政府陸續倡議幾場開放具願景的行動，有位營造廠董事長深受感動，受到城市逐漸邁向快樂氛圍的影響，決定以共好、不看負面氣氛的態度接下挑戰，而這家營造廠本身又十分擅長處理公路及陸橋工程，因此也順利解決了這項將五十公尺結構體懸吊空中的不可能任務。

在這背後，基隆市政府內召開跨局處環境景觀設計諮詢平台，由市長主持，八年來每月一到兩次平台會議，讓不同專業人士參與，與不同政府部門相互溝通聯繫，打破部門與專業之間的藩籬，這也是設計導入概念下所產生的解決方案。

總結基隆塔的經驗，從構想到執行是經由在地里民、設計師、學校和在地社群一起共創的結果，相互激盪出對於中正公園與東岸空間議題的未來願景，定錨串起港城丘。

這座垂直串聯至中正公園的豎梯，有著延伸橋式起重機之意象，銜接東岸港口、城市與山丘，透過改善水平、垂直動線

與環境景觀，縫補港區、東岸步行動線的斷裂點，編織未來新的生活空間和新的移動經驗，進而讓基隆成為一個讓人想駐足的城市。

療癒人心的基隆色彩屋

將設計導入做為一種「策略」，確實能為市民帶來驕傲及感動。

基隆色彩屋所在地正濱漁港，屬於第一類漁港，代表非常重要的遠洋漁港。全台灣只有九座第一類漁港，其中兩個便是正濱漁港及八斗子漁港。

然而，基隆一年四季都在下雨，城市灰濛濛的，加上遍布造船及煉鐵工廠，有著舊時產業痕跡，使得街區整體氛圍擺脫不了工業城市的沉悶感。

如今的正濱漁港色彩屋，是源於 2017 年市政府在正濱地區舉辦的「城市色彩示範計畫工作坊」，但其實「色彩」並非最初的規劃內容，直到工作坊成員進行在地訪談，從地方青年到居民長者皆表示，對基隆的印象為「雨多、黑黑的，有很多生鏽且頹廢的地方」，想像中的基隆則是明亮且多彩，「如果基隆可以有陽光？如果房子可以是粉紅色的？」

於是，由文化大學景觀學系郭瓊瑩教授帶領，從物理與心

理角度探討基隆的環境色彩，從一、兩位市民開始凝聚共識。進而發現，或許著手改變環境色彩能讓市民有感，而這種有感不僅是身體感知，也是從環境變化驅動心理療癒的過程。

郭瓊瑩認為，即使居民各有各的想法，當匯聚了眾人意見之後，還是需要科學知識與色彩論述為基礎，協助他們慢慢調整，才能變成現在這種和諧的色調。

正濱色彩屋以改變環境色彩讓市民有感，現已成為熱門打卡景點。

而其中最美妙的地方在於，過程中人與人之間建立起的信任感逐漸形成一個無形的平台，匯聚成一股可以影響軍方或者港務單位的動能，進而開放港邊地區的使用，讓基隆人能夠真正親水，甚至增加觀光能量。

設計導入的未來性

　　這正是設計導入的真正意涵，公共建設中並不只是找專業建築師美化城市，而是社會整體文化的提升，這樣的文化應該要轉換為一種經濟能量。然而這種經濟力，並非只是賺錢，而是乘載著城市的人文地理歷史脈絡，形成一種優雅、有品味、具有城市特色的生活風格，也就是一種城市品牌。

　　當設計力乘載著經濟力，就能匯集資源，包括人才與技術，他們提出解方，共同創造價值。例如，正濱色彩屋完成之後，正濱居民才真正表現出他們的生活風格與經濟力，懂得藉此吸引更多人來，一起改善在地的生活，這才是最終目的。

> 當我們以系統性角度去關照，
> 把每個人對於美好的追求、對生活的豐富想像引導進公共議題，
> 就能變成一種有意義的社會能量。

同時，政府不應該只單純地推動民眾參與，像是過去公部門最常開的公聽會，僅讓民眾了解公共建設、表達贊同與否。若是與民眾攜手合作，透過設計力導入社區，不僅能改善居民生活，獲得更美好、有特色的生活品質，帶來更好的營生機會，甚至吸引觀光客探訪。而當城市能進一步提供更多元的生活方式時，才會引發外來人口移居的動力。

　　至於民眾如何被聚集，共同尋找方案解決問題、展望未來，除了基隆塔的嘗試之外，過去的類似案例還有葡萄牙里斯本的城市天梯（Elevador de Santa Justa）。

　　里斯本的地形有許多高低起伏，城市中最重要的城區跟下層城區之間存在很大的落差，除了交通不方便，對地方發展及經濟都有影響，變成城市的困境。

　　天梯本身不是目的，建造天梯的過程才是，因為它創造出城市的可能性。當地方政府透過民眾想出解決方案——建造一座天梯，運用國際競圖，找到國際性設計師提出解決方案，並取得在地民眾的共識，以及與周邊城市配置互相結合的模式，才能打造出符合需求又兼顧地方發展的硬體建設。

　　天梯完工後，外觀設計上低調典雅，適切地融入周遭的建築風格，而周邊土地也隨著調整，出現很多旅館、商店對應到天梯的不同位置高度，呈現出一種地方獨具的特色與趣味性。

　　除了葡萄牙的案例，高雄大學建築系教授曾梓峰以德國國

際建築展 IBA 的經驗，分享了兩個重要概念，即是「未來性」以及「共同書寫」。

超越時代的 IBA 國際建築展

IBA 是德語的「國際建築展」（Internationale Bauausstellung）的簡稱，至今舉辦已超過一百多年，徐燕興表示，以台灣人熟悉的語言解釋，IBA 就是一種「城市博覽會」。建築展本身的目的不只是策展，而是透過公開徵詢的共創過程，找到解決城市問題的方法。

國際建築展中呈現許多建設行動的成果，和一般建築展不同，這些行動是在探索未來；更精確地說，是在「解決城市現存問題」並「探索未來」。而公開徵詢解方，就是參與者們對未來想像的共同書寫。

曾梓峰在提及 IBA 精神時，特別強調「民眾參與」與「共同書寫」的不同，前者是民眾被動地被徵詢，表達意願，參與層次十分表面，也會導致建設後的衝突；而共同書寫是身在其中，一起為城市尋找答案。這也是為什麼 IBA 通常一辦就是十年，而前期準備可以長達十五年。過程中，IBA 能夠提供觀念、技術、工具及法規，但其中真正的主體是市民。

以魯爾區（Ruhr）中赫內（Herne）的「玻璃屋」計畫為

葡萄牙里斯本的城市天梯，由地方政府整合在地民眾的意見，運用國際競圖提出解決方案，打造符合需求及地方發展的硬體建設。

例，它源於一個廢礦區重建計畫（Akademie Mont-Cenis），原本廢棄於礦區中，地面還冒著煤氣，周遭環境十分惡劣，沒想到最後竟能發展出一棟超越時空想像、前衛的綠建築。

　　這座建於 1990 年間、猶如溫室般的建築群，於 1989 年至 1999 年魯爾區的國際建築展中亮相，其背後概念及實際功能，至今都令人驚豔。赫內「玻璃屋」建築體的設計，是為了符合當地居民希望獲得如法國蔚藍海岸尼斯般的生活環境，由七十幾根雲杉構成建築體本身，外面則全都用玻璃建成，陽光可以

位於德國魯爾區杜伊斯堡的景觀公園，保留了鋼鐵廠的遺跡，打造市民沿著河岸散步的休閒空間。

從四面八方照進室內，並採用「屋中屋」（house in house）的原則興建，因為企圖配合當地的氣候，讓夏日室內比室外低五度，冬季時則高五度。

溫室的玻璃頂結合了太陽能板與採光罩，太陽能板總面積達一萬平方公尺，每小時能產生一百萬瓦的電力。綠色發電的產值甚至供過於求，一年總剩餘電量可高達一千兩百萬瓦。而太陽能板在屋頂的密度不同，卻能達到一樣的發電量，還可以讓天空雲彩投射至室內。這樣美麗的景象，就像是身在大自然中，滿足了民眾希望如同身處蔚藍海岸的期待。

做為當地的活動中心，赫內「玻璃屋」必須符合地方需要及新的生活想像。因此，其中設計一所公務員職業再教育的學校，空間也提供給當地民眾舉辦集會、婚宴，還提供住宿、圖書館等空間，當地政府的青年局辦公室也設立在此。「玻璃屋」建構出的不只是一個空間，而是一組當地的「社會生活」。

打造屬於自己的未來生活想像

曾梓峰同時分享德國環保科技園區的案例。園區原址是老舊的鋼鐵工廠，在城市轉換過程中，當地需要一個新的產業進入園區。

因應未來的趨勢，在地居民選擇發展環保科技，但是興建

林右昌市長每個月與專家、市府團隊主持環境景觀設計諮詢平台。圖為太平國小教室改造後有基隆實體模型的會議室。

環保科技園區不代表要複製過去那般壓抑灰暗的工廠氣氛，他們選擇在土地利用上有所保留，提供未來發展出無限可能，而非將土地全部納入建築規劃。

依據民眾想法，園區擺脫過去被鋼鐵工廠占滿.的配置，規劃成三個部分：三分之一工作，三分之一生活，三分之一生態，形成一種「在公園中就業，在公園中生活」的未來生活想像。

因此，這座園區周遭是公園，公園中還有住宅，在環保科技園區大樓工作的人們，也可以透過一個相當大面積的玻璃

窗，眺望公園地景。

設計導入驅動公部門創新

政府做為城市治理的角色，面對重大公共建設時，如何聚集意見，發揮最大效能，各縣市都有自己的不二法門。

例如，新竹市政府常設的「重大工程會報」，便是市長帶頭召開的市政府會議，讓資源能夠快速整合，創新創意能夠進到公共建設當中。

「台東設計中心」是縣長室直轄下的五到六人小型任務編組，居中協調各單位，主要業務為處理行政、專案企劃及發包，將設計案交由外部專業設計團隊。他們有一套讓民眾參與的共創機制──「台東未來生活提案所」，提供民眾進行實體提案，以台東人的設計需要為中心。

基隆市政府同樣也有「環境景觀設計諮詢平台」，由市長帶領，都市發展處做為幕僚單位，整合局處資源。

設計導入中的「設計」，是以人本角度進行探索，發揮創意並解決問題；而真正的「城市美學」是能達成人與人、人與土地緊密連結的境界。用設計打造美的城市，是讓城市中的不同階層、族群，所抱持的不同日常需求與想像都可以被接納、包容，並以基層凝聚的社區力量，實踐共同想望。

城市博覽會中的時代基隆展場，展出基隆現況發展及對未來發展的願景。

第二部

空間與社會

以海洋為主體的城市及國家

自古以來，開闢港口對國家發展的意義重大，百年來，港埠是台灣眾多物產出口至全世界的重要樞紐，更是迎接世界認識台灣的重要窗口。

基隆這個面向海洋的城市，無論在歷史上任一節點，都與世界脈動息息相關，而做為面向世界的港口城市，不可避免的就是全球競爭，若將基隆放置在後全球化以及近來新冷戰格局的世界背景下，應該如何規劃更有利基隆與台灣未來發展的定位？而在同樣視角下，基隆之於北台灣首都圈的角色、基隆與首都圈的關係，又該如何重新思考？

———

後全球化的超北城市

基隆是台灣以及首都圈連結世界的窗口，
其發展自然也牽動著首都圈的運作。
基隆與首都圈彼此的連結千絲萬縷、緊緊相依。

　　在全球化浪潮發展下，國家之間的界線相較於以往已經逐漸淡化，隨著交通運具的發展，減少全球移動的成本，橫越海洋到另一個國家的門檻也因此大幅降低，人們可以走訪、探尋的城市更為多樣豐富。

　　城市特色、發展，以及城市和城市之間的互動、交流都漸漸形成一股新潮流。不同國家的城市彼此締結姊妹市，相互拜訪、取經之狀況已成常態。

　　基隆不只是基隆，更是首都圈的基隆。也因此，基隆未來

港公司與林右昌市長（左五）帶領的市府團隊合作，朝向全球化首都發展願景邁進。

城市的考量與規劃，關乎整個北台灣的長遠發展。

以全球視角看待台灣，重新梳理、定位台灣，以及首都圈城市（台北市、新北市及基隆市）未來要在後全球化浪潮中扮演的角色，才能面對國際城市競爭，躍升為世界發展中不可或缺的一員，進而生生不息、永續發展。

自從 20 世紀以來，政經中心集中於台北市，台灣自中國大陸沿襲來的中央及地方關係與行政區劃概念，使得台北成為吸引人才聚集並落地生根的所在，隨之帶來人口快速增長，產生

台北單一極化的現象。

　　據此，2010 年政府進行六都改制，但僅見樹不見林，非六都的城市更顯被邊緣化，基隆在台北市、新北市及桃園市三都的壓擠下，顯得極為弱勢。

　　當首都生活圈逐漸飽和，人口從台北市外溢到新北市，加上捷運建設、跨區交通建設都在雙北，獨獨遺忘位處於新北市

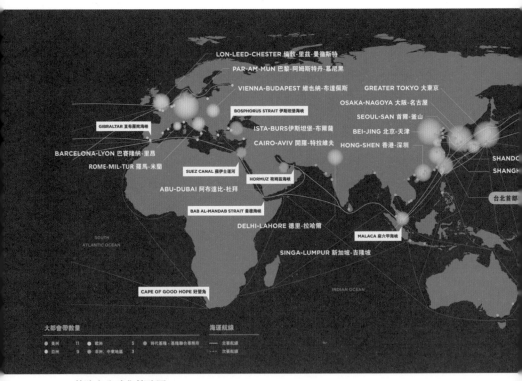

基隆市全球化策略圖。

外圍的基隆，而基隆的行政區劃屬省轄市，經費預算規模小，在台北、新北兩座直轄市的磁吸效應下，加劇基隆的邊陲化。

　　在此狀況下，基隆提出做為台灣首都圈「國家海洋門戶」的概念，先在既有中央及地方法制下提出有國家高度的戰略，並據此與中央及台北、新北、桃園合作，建立首都平台和中央資源，並用「超北城市」打開想像，強化國家競爭高度，也是

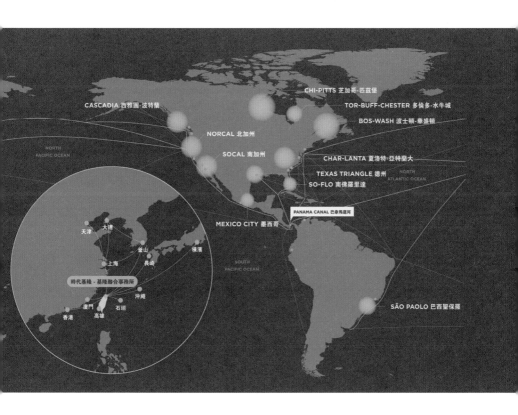

能讓基隆與雙北攜手躍上國際舞台的必要之途。

　　現今的全球競爭，是以由區域組成的都會間競爭為主要型態。可以預期，這將會是 21 世紀下半的重要趨勢，城市群的合作不僅為城市帶來蓬勃生機和成長機會的藍海，也是帶動國家躍升的前鋒。

基隆「超北城市」願景

　　2022 年初，基隆市政府舉辦「基隆黑客松：如果我是超北市長」大數據首都圈策略競賽，當時林右昌市長在接受媒體採訪時曾倡議：都會圈的未來發展，應該由北北基桃四個城市合作，統整不同空間規劃部門與市政府彼此的想法，藉由數據分析支持基礎，整合都會圈區域發展，這就是所謂「超北城市」的概念。

　　以台北市來說，是台灣首都，也必須是全球都會區域網的成員，台北市市長不僅是首都市長，更須積極建立平台，促進城市之間合作，強化國家競爭高度。未來的首都圈各個市長應該是「超北市長」，相互整合成為真正的大台北首都圈。

　　除首都圈整合外，資訊發達網路時代興起，市民對都市環境與設施的需求逐步轉變，追求體驗、沉浸式服務與活動，社群平台的蓬勃發展，使分眾行銷愈顯重要，公共事務須藉設計

與創意重新吸引市民關注，以設計、文化、藝術做為城市治理基因。

「超北城市」是由基隆市府提出。背後主因是以基隆本身的條件與市府擁有的資源，很難真正幫助城市有更前瞻、更根本的發展。但是，基隆用國家門戶的定位，打開基隆對國家的重要性，首都若要發展海洋郵輪產業與觀光不能沒有基隆。基隆用全球高度提供該扮演的角色和服務，必然成為台灣與全球競爭不可或缺的節點。以大台北首都圈一千萬人角度調整地方設施與建設，基隆經濟能量就不是現在的三十六萬人口。

基隆市政府除提出這個構想之外，也透過許多途徑期待落實理念，譬如推動「市港再生標竿計畫」，整備首都圈海港的格局與氛圍，提升國際產業進駐基礎，也倡議「基隆河河谷廊帶區域發展策略規劃案」，主動邀請台北市與新北市參與，三市共同投資，由基隆主導，從首都圈格局看河谷廊帶的發展潛力，做為首都都會區域計畫的基礎。

其實，「超北」這種跨區整合的概念，在國際上有許多先例，例如，英國的倫敦泰晤士河門戶發展計畫（London Thames Gateway Plan），涵蓋了東倫敦市區泰晤士河沿岸及河口附近地區，綿延約六十公里。

為了全球競爭，倫敦甚至結合附近城市，於 2000 年成立大倫敦市，與中央合作，以倫敦泰晤士河門戶計畫為基礎，成

立「倫敦泰晤士河門戶發展公司」。泰晤士河門戶發展公司做為一個公共機構，由當時英國社區及地方政府部（DCLG）出資，部長任命的獨立董事會管理，成員有中央部長、市長代表和公共團體代表，從事於下黎谷區（Lower Lea Valley）及巴金—黑弗靈河畔（Barking-Havering Riverside）的策略性再生計畫。

此外，荷蘭的環型城市（Randstad）則打造了互利共生的城市群。由荷蘭阿姆斯特丹、鹿特丹、海牙、烏特勒支形成環形城市，找出各城市特色互補與合作，中央提出預算和計畫，整合海陸空交通系統，提升永續、宜居與區域競爭力。

超北城市的發展脈絡

1967 年台北市升格直轄市，將原屬台北縣的景美、木柵、南港、內湖，和陽明山管理局範圍的士林、北投等六個鄉鎮劃歸管轄。1970 年「林口新市鎮計畫」、1992 年「淡海新市鎮計畫」，疏解台北市發展壓力。1983 年「台灣北部區域計畫」，則提供區域內資源合理分布與共享、跨行政區整合議題之法理基礎。2004 年北台縣市首長共同簽署「北台區域合作備忘錄」，開啟北台灣縣市合作。

為配合「挑戰 2008 國家發展重點計畫」，內政部營建署於

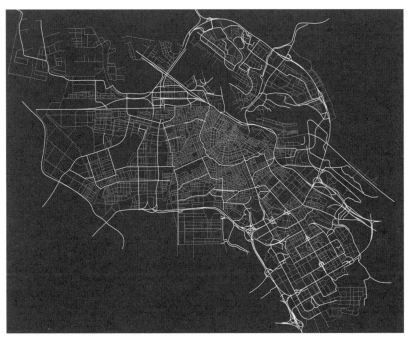

從阿姆斯特丹市區圖中,可以看出這座城市很適合與鄰近地區合作,打造互利共生的城市群。

2008 年提出「2030 北台都會區域計畫(草案)」,內含科技產業走廊、區域物流中心、整體交通路網等議題,但又流於討論。

　　「基隆河河谷廊帶區域發展策略規劃案」於 2017 年搬上討論桌,這項策略規劃是整合基隆市政府、新北市政府與台北市政府的想法,凝聚未來基隆河沿線都會發展策略,做為日後辦理都會區域計畫的重要依循。

2018 年「全國國土計畫」公告實施，基隆市的「市港再生標竿計畫平台」也於同年提出。

為了凝聚基隆市港未來發展和願景，加速重大建設相關計畫，基隆市政府與台灣港務公司在八年內辦理超過百場會議，定期推動港區重大建設，為基隆停滯多時的城市面貌，著手改頭換面。

基隆市的國土計畫在 2021 年 4 月 30 日公告以後，提出宏觀的首都都會區域計畫構想，並積極推動跨域規劃於國土層次法定計畫之必要性。倡議都會區必須流動便利的概念，啟動基隆捷運計畫，完善首都圈的軌道系統，並推動城際快捷公車，快速連結台北市、新北市。

面對台灣國土計畫的全新思考

台灣的《國土計畫法》在 2016 年公告實施，2020 年再修正。《國土計畫法》的通過，其實是國土空間治理的重要里程碑，其背後是台灣都市計畫界在二次大戰後，長年在政治與社會場域中的努力，使其得以通過，國土空間治理才有了法律可以依循。

但是，戰後當時的狀況和現今後全球化背景天差地別，而國土治理無法忽視全球化之下某些區域與全球之間的關係，例

如，港口政策、捷運政策、環保政策、電網、水治理、循環經濟、數位治理、國家公園政策、農地與工業政策，這大概就是現今《國土計畫法》目前最大的結構性困境。

實踐大學建築設計學系教授王俊雄曾說，「大家都在做『補課』，而不是前瞻，不是走向未來。」台灣現在的重大建設，不管是捷運交通、港口、機場、工業區，都在看過去的未竟之事，而不是用二十年後或百年後回看國土規劃。

以國策高度看待，從全球格局規劃

此外，國土計畫應該架構在全球趨勢之下，看的是台灣國土於全球的發展，政府應以「國策」的高度看待處理。民主社會更需要很多深度的討論，取得共識去做這件事。如何向上治理融入民主選舉的政見，也至為關鍵。

過往缺少創新思維，在既有政治生態中，技術官僚對進步政策不重視，也不再與學術對話，在研究與規劃失去判斷力的雙重共伴下，使其對國家發展應有的深刻技術和思考能力，反而變得更貧弱。

至於台灣及首都圈城市面對全球化議題，國土計畫又該扮演什麼角色？

這也是基隆市政府提出基隆河河谷、港口轉型計畫的原

因。基隆要有更好的發展，中央港口政策必須要能符合基隆的需求，表面上港口發展會限制市區發展，這主要是因為港口政策未從全球和國土角色觀看，若能從長遠角色和全球格局來規劃，就不會和城市發展產生隔閡。

因此，最理想的狀況應該是由中央提出各個港群的政策，譬如郵輪政策、貨櫃政策、貨港智慧化政策，而非如同現在，不同港區（台北港、蘇澳港、基隆港）政策是由港務機構提出，沒有長遠的規劃，很容易產生本位。

為了避免這種狀況，基隆市則從國土和全球的角度與港務公司合作，找出平衡。

這幾年，基隆市政府做出許多成果，讓城市規劃的力量被看見，讓民眾更加理解城市治理；以 2022 年的「城市博覽會」來說，就是要藉由策展做社會溝通。民主社會如果沒有共識，政府是無法執行政策的，所以溝通十分重要，國土計畫也面臨了同樣的問題。

就全球觀點而言，談基隆城市規劃，更進一步要探究的是，基隆市港應該和國際哪幾個市港合作與競爭，甚至與其資源重新整合，或是互相投資彼此。如基隆市港與鄰近東北亞地區的釜山、長崎，或者美洲地區的舊金山、西雅圖等市港，進行跨國合作，這些議題都應該規劃進入國土計畫，國家再依此戰略編制預算，城市發展才能更具國際化。

目前國土戰略卻是向內看的思維，凸顯出台灣缺少了「海洋」的格局。

跳脫框架的「海島思維」

台灣的《國土計畫法》，可分成「全國國土計畫」和「縣市國土計畫」，整體而言都需經過中央政府審查。因此，中央對政策的態度，勢必影響國土計畫的走向。

目前，基隆市從全球角度、首都圈角度去看待城市治理，成果是在跟著中央的腳步下，盡量在體制內做出改變，並將未完成的願景寫進國土計畫當中。

過程中，除了顧問公司參與，基隆市政府還串連年輕世代學生及學者，廣納經驗與想法，成為留給下一個階段甚至是下個世代的備忘錄。

然而，「超北城市」這個議題，最後還是會落到區域劃分上，它就是一條線，如同高鐵，屬於全國性議題。若是中央和地方對話能解決這些問題，就不用太在意線畫在哪裡。

事實上，人與人之間、部門與部門之間，很容易產生本位主義，會區分你我。然而，海島思維應該不分我你。農業社會耕田要有界線，才會有我的、你的，但海洋沒有界線，海洋帶來的商業社會就是合作或競爭，合作精神便應是台灣「海島思

維」根深柢固的核心。

單車國家到基隆交通——如何規劃「最後一哩路」？

　　旅居荷蘭、專注於城市治理和城市居住議題的學者于欣可認為，談城市治理與跨區整合，最根本且免不了要談論的大問題是——交通。但如果要拿他國經驗來解決台灣的問題，關鍵點在於：台灣各界需要做出一些心態上的改變。

　　舉例而言，新北市的淡海新市鎮，2021 年發生作家陳柔縉騎腳踏車時被機車撞死的憾事。理論上，新市鎮應該有完善的行人道路規劃，可是從此事件便反映出，我們的交通設計思維還是以車為主，而非行人，哪怕投入大量資源在淡海輕軌上，只要回看到路面，就可發現行人擁有的走路區域少之又少。

　　以荷蘭為例。荷蘭有 40％的交通工具是自行車，人們旅行也多以自行車為主。但荷蘭以前也跟台灣一樣，民眾大多使用汽車，從 1970 年至 1980 年的城市照片中即可以發現，穿越荷蘭市中心的大馬路簡直像個大型停車場。

　　那荷蘭如何能在四十年之間，轉變成一個單車國家？

　　完善的單車基礎建設，是來自於道路安全問題嚴重，過去在荷蘭有許多車禍造成幼童死傷，因此政府決心改善交通，成為對人友善的城市，不依賴汽車。

但這不只是交通問題，也不只是交通部會的問題，而是城市規劃的問題，是建築的問題。然而在台灣，交通問題很容易被看作是單一部門的事，之所以會如此，除了是考量專業，也跟機構的本位主義有關。

　　事實上，要解決交通問題，背後包含的是一個複雜的系統，它代表城市型態的問題。舉例而言，台北市公車218號，從青年公園一路開到北投，單程需要兩小時。然而，公部門若能用捷運系統跟公車路線銜接，重新調整，將會創造更便民的交通路線。

　　另一個例子是林口，林口是近年興起的新城市，需要倚賴大量汽車交通，上下班的尖峰時段卻只有兩個交流道，光是等紅綠燈就得堵車四十分鐘。由此可知，諸如此類的狀況不只是交通部門的問題，而是都市區域規劃與城市治理的問題。

　　又如，中國有許多的「訂製公交」。只要打開 App 預定明天幾點搭車，系統就會自動湊足四十人左右，派大巴士把人接走。這套系統可以設定集合時間、地點，人們能輕鬆運用並擁有客製化的大眾運輸，減少排隊時間，更無須自行開車上路。

　　回到荷蘭的案例，我們可以思考為什麼荷蘭政府能如此彈性調整且改變這麼快。或許有人認為那是政治發展的結果，但在于欣可眼中，民主政體並不是問題，荷蘭同樣是民主體制，且民主走得更久，代表不同黨派之間爭執的時間更長。于欣可

認為，這是台灣社會普遍存在「失敗主義」造成的。

擺脫失敗主義才能改變

荷蘭各黨派雖然意見分歧，然而大家還是抱持著願意改變的心態，即使爭執不休，但非阻擋改變，而是說服對方使用不同改變方式。反觀台灣，有些輿論認為台灣不可能改變，孰不知這樣的思想，往往就把改變的可能性排除了。

此外，台灣縣市氛圍較為消極，如果有人批評，地方政府就停止建設，有人批評為什麼不做某項政策，地方政府就做一點，但多半是舉辦大型活動、放煙火。與荷蘭不同，台灣人更在意選舉，而且心態上更相信一位明君，總覺得如果政策沒做好就是沒有選到對的人，事情才沒有改變。

台灣民眾沒有想到的是，每個人都是公共的一份子，有公共責任，不是把自己的權利讓渡給某個人，某個人做不好，罷免他就好；而是身為其中一份子的你，可以負起監督的責任，而不是消極地說，台灣就是鬼島。

例如基隆交通問題、基隆捷運，最後似乎變成政治人物之間的口水戰。一直以來，基隆交通問題沒有被解決，但基隆市本身發展以基隆港、台鐵、高速公路這三個主要系統為主，當基隆港地位消失、台鐵交通運輸不成氣候，城市危機就浮現出

來，基隆被當成是臥城，買不起台北房子的人只好去住基隆，忍受比較亂的交通、比較落後的基礎建設。

基隆可與台北市合作，例如打造「消夜城」，但往來交通需要一些配套，這時基隆捷運就很重要，想吃消夜的人到基隆不用自己開車，就算想喝點小酒也不擔心。

于欣可強調，這就是基隆與台北互利互惠，而不是像現在這樣，人在台北上班，卻不在台北繳稅；基隆跟台北距離這麼近，卻被市政隔閡得很遠，非常可惜。

基隆市政府舉辦「基隆黑客松：如果我是超北市長」大數據首都圈策略競賽，市長林右昌倡議都會圈未來發展應由北北基桃四個城市合作的概念。

除了許多人關注的基隆捷運問題之外，基隆「最後一哩路」要怎麼解決？市內交通如何改善？也是非常重要的問題。或許要有多一些不同的交通方式，譬如在某一區用電車銜接，不讓汽車進入，這就需要整體城市規劃。

都發處處長徐燕興分享，基隆市政府也看到這些困境，一方面利用市港再生標竿計畫、基隆捷運計畫打造人本交通的第一哩路，並同步建構市中心人本環境，藉由捷運綜合規劃時，主動朝向大眾運輸導向型發展（Transit-Oriented Development, TOD），以都市計畫打造人本、安全的城市。

「我覺得一個城市要有以人為本的概念，核心在於必須解決人們最在意的居住與產業問題，以基隆市政府來說，或許可以從住宅多樣性下手，」于欣可說。

基隆大部分是山城，山城住宅不應該跟台北一樣，譬如不需要蓋這麼高，而是依山而建，產生開放的公共空間，營造出與都會區平地住宅不一樣的風貌。同時，這種依山而建的獨特住宅形式應該透過地方政府力量涉入，因為若讓建商自己處理，就會以其利益為主，山城景觀便無法達成。

日本長崎山城夜景──投資居住文化，不要投資觀光

日本長崎的案例或許可以參考。長崎擁有日本三大夜景之

一，依山而建的住宅景觀，需要政府投入公共資源來解決問題。譬如人們上下樓梯不方便，長崎就有像香港一樣很長的手扶梯，可以從電車線、山谷底延伸到山丘底，不要讓居民完全依賴交通工具，而是引導公共投資去建置，城市也能發展出各種可能性，這些都是可以透過景觀綱要計畫處理的。

「城市資源應該投資在居住文化上，這種文化自然會找出一個對觀光客有吸引力的景觀，而不是一味想著觀光，就把資源全都投資在觀光發展上，」于欣可強調，長崎政府並不是為了觀光而做山城景觀，是為了社區居民行的方便而做。但要如何翻轉社會和政府觀念，才是工作重點。

台灣中央或地方政府經常會以發展觀光的想法進行投資，重視 CP 值。但公共投資應該投入在需要修繕的老舊住宅，而非直接拆掉舊房子，這就是為什麼台灣城市似乎沒有如歐洲般令人驚豔的建築。

再者，台灣人還有一個思維，覺得房屋蓋愈高就是愈進步的象徵，而這種思維是來自對現代城市的誤解，和簡化對地小人稠問題的看法。事實上，台灣人口數逐年下降，蓋這麼多房子，卻沒有相對應的人口來支撐其發展，因此，我們不應該停留在過去傳統的心態，要與社會一起翻轉城市觀。

當人們從基隆火車站出來，要搭公車還是走路，這些都是「介面整合」的問題，可是現況下，基隆公車、台鐵各自

日本長崎面對地形限制，興建上山電梯，打造多元公共運具的城市。

管理，不會互相合作。此外，其他如無人公車、電車等交通模式，也是可以考量的方案。日本長崎人口數跟基隆差不多，地形也差不多，他們靠路面電車發展出幾條路線，就撐起地方交通。城市運輸的骨幹，要思考的交通問題不只是往來上班地點及住家，而是如果基隆捷運完成，人要怎麼回家，這也是基隆推動 TOD 規則的核心價值。

此外，基隆的碼頭渡輪是否讓腳踏車、摩托車搭乘，港區如何開放也是一個問題。例如跨港區的渡輪，高雄從旗津到鼓山的營運長達一百多年，人們居住在有海景的區域，交通又便利，所以會感到十分舒服。

如果基隆市的基礎設施跟台北差不多的話，人們就會思考，不一定要住在台北，可以選擇基隆。而公部門若能將市內環境規劃完善，吸引移居人口，不只是因為基隆房價便宜，而是城市居住文化十分有特色，譬如有水岸住宅、有適合步行的城市環境，甚至有更好的親水設施等，那麼房價高低與否，就不會是人們主要的考量點。

「鏡中」波爾多——新舊融合，需要領導

此外，以全球觀點來看，基隆正在運用自身的優勢及定位，試圖擺脫舊時代，透過在地社區、返鄉青年、專業團隊的工作，迎來新氣象，豐富地方故事。

但是，大範疇的交通問題、城市居住問題，基隆要解決長期被忽略的系統性問題，就需要大量的溝通，不是那麼浪漫。「我認為還是回到心態，決心必須要拿出來；要花更多時間在溝通，溝通是真正的關鍵，」于欣可說。

可參考的國外案例是法國的波爾多（Bordeaux）。事實

上，法國也存在著民主政治中的困難。但波爾多這座被稱為「睡美人」的城市，曾經美麗，靠著葡萄酒產業發跡，可是卻「睡著了」。城市變得蕭條、街道骯髒、交通紛亂，但是市政府很有魄力，透過城市再造策略，從宏觀角度幫助城市「轉骨」。

背後的行動方案有二，其一是改善交通，讓道路為人服務，包括步行者、騎自行車者，串聯起周邊區域跟城市中心，所有車輛不准進市中心，只能在外圍活動。那市內交通如何解決？政府透過四條路面電車、四條輕軌建設，解決城市居住及往來問題，同時申請市區成為世界文化遺產。

其次是改造河岸。過去河岸多為舊倉庫，非常破敗髒亂，後來其市長打造河岸廣場，稱之為「水鏡廣場」（Le Miroir d'eau），是十分成功的城市景觀再造案例。

水鏡廣場所代表的意義，並非只是美觀或者吸引旅人去打卡自拍。它是一座串聯現代與古典波爾多的地方，並沒有捨棄舊的景觀，而是找出與現代共存的方式，創造出一種法國新古典主義的建築，並用水晶廣場這面鏡子，將新的城市空間縫在一起，映在水面倒影上，形成一種獨特魅力，這和基隆國門廣場的設計有異曲同工之妙。

其實，法國也是一個政治「扯後腿」的國家，但波爾多市長十分有魄力，花了兩任時間進行城市治理，其繼任者雖然分屬不同黨派，卻還是照著其步伐前進。一般來說，都市改造至

少要花個三、五年時間，即使十年也不為過，所以重點還是領導者，必須要有執行能力跟明確的方向。

「這個叫 take a lead，不是 regulate，」于欣可說。城市治理不是靠著制度法規，而是要有領導力。基隆這幾年來之所以有如此大的轉變，市長林右昌具方向性的領導，可說是扮演著舉足輕重的角色，才能這麼快翻新一座幾乎睡著的城市。

從荷蘭看台灣：超北城市到超北城市「群」

城市治理的內涵，以及基隆做為「超北城市」的角色、河谷廊帶的新國門，本身才是問題關鍵所在，應該先釐清行政區劃的問題，還有土地利用及交通問題。

以荷蘭來說，有許多小城市及行政區，各自擁有其產業與居住文化，譬如他們重視住宅要有綠地花園，不會因為迎合周邊大城市而做出改變，吸引許多家庭願意居住在此。

法國巴黎又是另一個例子。巴黎在 2010 年提出大巴黎計畫，但她是一座上千萬人的城市，與台灣的狀況並不一樣，加上法國與巴黎存在著特殊的國家與城市關係，所以我們應該思考的是：台灣在現今國家與城市發展潮流中，如何走出困境？

「我覺得應該要向荷蘭和德國這樣的『城市群』概念靠近，而非一座特大城市，」于欣可說。

基隆市政府將原火車站前道路還給市民，打造國門廣場，並有水舞、公共藝術、觀光服務和水岸餐飲設施的設置。（攝影／原間影像朱逸文）

　　城市群的概念是，一個城市約控制在一百到一百五十萬人口，資源不會過度集中於單一城市。于欣可認為，基隆談超北城市群的觀念，以城市去思考，重新檢視為什麼資源長期集中在台北，並發展出自己特殊的產業、文化、居住、聚落等，中小城市群彼此有完善的交通聯繫，彼此友好，人口與資源不會過度集中，而且可以有多城市中心。

　　以柏林、阿姆斯特丹來說，之所以發展出移居條件，跟城市大小有關。國人要理解到，不需要以台北為中心，基隆也

是一個中心，新北也是一個中心，桃園也是一個中心。以荷蘭「環形城市」為例，阿姆斯特丹是環形城市中最大的城市，但阿姆斯特丹的人口與第二大城相比，差距不大。

于欣可認為，荷蘭城市跟城市的範圍，是刻意控制在一定規模中，因為他們的規劃是長遠且整體，每一區要蓋多高的房子，取決於居住型態是公寓型或者獨棟型，跟道路及城市型態也有關，而且土地多為公有，不會亂賣。

還有一個問題是規劃能量，這一點台灣與荷蘭的差距太大。台灣政府規劃政策時，遇到民意代表關注就很容易停下來，甚至改變原本想法。

基本上，要走向超北城市的願景並不容易，需要釐清城市與城市的關係、城市大小的關係，以及哪些地方限制開放、哪些地方可以開發，而基隆這幾年來的努力，就是希望推動城市逐漸往這個概念靠近，或許台灣未來的城市發展，將能有另外一番不同的風貌。

荷蘭城市的規劃是長遠且整體，土地多為公有，阿姆斯特丹是環形城市中最大的城市，
但與第二大城差距不大。

海洋城市與新經濟

要能與周邊城市聯合組成「超北城市」、「大首都圈」，
有個不得不面對的前提，那就是城市的獨特性。
文史風貌、設計串連在地能量之後，
最重要的還是地方產業的發展。

　　地方產業的未來，關係到過去的產業歷史，要如何突破原有格局，並找到自我定位，穩健、有效地發展地方產業，則是基隆現在所面臨的挑戰。

　　基隆，曾經是台灣最繁榮的主要吞吐港及經濟戰略要塞之一，擁有先天的地理環境優勢，早從日治時期起就是對外重要交通門戶，奠定北台灣最大港口的地位，而後歷經美軍駐紮、礦業逐年興盛，加上持續興建港口，繁榮的商業行為搭配港口吞吐量，使基隆成為台灣航運樞紐，亦為主要城市，更曾躍居

世界貨櫃港排名第七的寶座。當時有種「北基隆、南高雄」的說法，可見當時基隆之於北台灣的重要性。

隨著時光推移，基隆港的發展遇到了許多瓶頸，例如：港埠設備不足、港口發展腹地受限、港口擴建計畫停滯推遲，導致台灣航運中心往南移。此外，受到全球化影響，基隆港逐漸喪失競爭力，導致光輝不再，變成落寞漁村，被評為不宜居的城市。

如今，基隆港的沒落，使得人們對她的印象剩下潮濕多雨、老舊街廓、交通不便、宮廟建築多、廟口夜市，以及海港特色——海鮮，讓人很難想像，基隆過去曾是繁華熱鬧的商業據點，是上流社會人士逛街購物的選擇，整個大台北地區居民都頻繁往來基隆。

此外，新世代的基隆人雖居住在海邊，卻長期不親海，城市的海洋資源被封印，與市民生活脫節，基隆猶如珍珠蒙上了塵，漸漸失去光彩，不只產業停滯，城市同時也如進入靜止時空，一起停止轉動。

海洋產業，永續環保的「藍色經濟」

客觀來說，基隆得天獨厚地具備海洋產業基礎，只因發展方向不明確，產業轉型未成，導致整體發展遲滯。若能在完善

基礎上妥善規劃並落實，不僅能促使產業復甦，更有助於產業升級。

例如，傳統的漁業及水產品、船舶與浮動設施等，或者運用海洋資源與空間，進行各項生產及服務活動，譬如海洋運動、觀光、休憩產業、海洋環境保護產業，皆能為基隆帶來可觀的收入。

尤其近年來，全球各國重視環境永續議題，連帶著海洋環境保護產業有可能成為未來創造永續價值的潛力股，能帶來的效益不容小覷。其所創造的「藍色經濟」，並非單純地利用海洋資源換取經濟利益，而是發展永續商業模式，同時保護天然資源。

此外「藍色觀光」也是以永續發展為重點策略，2020 年10 月「基隆和平島公園」榮獲英國國家標準機構（BSI）頒發「ISO 20121 活動永續管理系統」認證，是當時亞洲唯一取得國際認證的國家級景點。

由此可見，看待城市發展不應局限在「賺錢拚經濟」的思維中，應以最適合基隆的永續角度凸顯優勢，所產生的價值將不限於海洋經濟，而是有機會讓基隆再次展現昔日光芒，成為台灣具代表性且獨有的「藍色永續城市」。

不論打造海洋城市或藍色永續產業鏈，都應結合產、官、學各方的共同力量。近年來，基隆市政府努力推廣海洋產業，

基隆港具備獨特地理優勢，郵輪可以直接航進市中心，很適合發展觀光郵輪產業。

並與外界合作，盼能從海洋城市的特色中適性發展，獲得穩健的經濟效益，讓在地人享受並認同家鄉，進而吸引人才長期留鄉，減少人口外溢的現況，累積正向循環的城市產業基礎。

譬如，基隆市政府與國立台灣海洋大學合作，尋求海洋經濟的可能性，結合學生創意及海洋大學豐厚的海洋研究成果，探索新的商業模式，也能結合基隆產業發展及就業人才資源，提升城市在海洋研究的地位與發展潛能。

郵輪觀光，基隆產業新曙光

回看基隆產業結構變革，一直以來都是以基隆港為命脈，商業最繁榮地區皆圍繞在港口周邊，根據調查，全市約有 70% 主要商業皆聚集在此。早期多為工商業、交通運輸業，其次是礦業，由於產業發展停滯，至今結構仍相去不遠。

此外，基隆目前仍是台灣北部最大的漁業基地，居民大多以漁業為主。第二級產業則占總產業比例約 30% 左右，其中機械電子工業又占了二級產業中約 70% 以上的產值，這是因為發達的船舶修造業。而第三級產業，則是基隆港周邊如港埠、船務相關基礎產業與服務業。

了解基隆的產業結構後，可得出優化方向。應結合區域及地方特色，強化發展差異性。

基隆將內港從服務貨改變成服務人的港口。

　　例如，因基隆具備國際商務港的基礎優勢，加上特殊環境，如同市長林右昌在媒體分享：郵輪可以直接航進基隆市中心，這種港口環境世上少有，也是基隆港的獨特條件。若能合併觀光郵輪形式，串聯地形特色與商業，推動周邊升級，建立都市鮮明的中心意象，將可再外溢至服務社區的商業機能。

　　綜上所述，基隆市政府著手規劃基隆港升級計畫，打造「海港國門」，預計整合郵輪產業及港區東、西岸建設，透過各種不同郵輪串連，打造國內外各種旅遊方案。期望台灣郵輪產

業轉型成高端、多元型態，與地方產業連結，並因溢散效應帶動地方觀光發展。

此外，郵輪產業還能進一步發展為頂級服務產業鏈，像是高階商務會議、展覽產業，都是可發展的重點。創造產業轉型，爭取新商機，期望基隆港能成為基隆的新地標。

同時，基隆市政府與郵輪業者也一同規劃新的「島內郵輪觀光」模式，安排繞島、跳島等行程，深入研究與討論國際熱門的「Fly-Cruise 模式」。這是一種能同時體驗多種交通工具的旅行方式，讓旅程能包含陸地行程、海上郵輪及飛機搭乘。

「Fly-Cruise」在國外很受到歡迎，目前基隆正在努力推動，期待能吸引國內外旅客，促進觀光及高級商務會議活動等，讓基隆港不再僅是郵輪母港，更是國際郵輪停靠港、樞紐港，郵輪產業可以發揮更多可能性，創造更高的經濟價值，帶動商業轉型，對基隆產生實質經濟效益。

海洋之都轉型「藍色永續城市」

除了發展基隆特色產業，國際吹起一股永續風潮，若以永續為基礎發展產業，將能更有益城市形象並吸引國際目光，這對基隆來說是契機，能促使風貌翻新、產業轉型。

而在永續議題中，最能凸顯基隆特色的是「藍色永續」。

因此，推動海洋保育將是首要任務，基隆目前已經開始推動「基隆市望海巷海灣串聯計畫」，期待能讓漁港順利轉型，並帶動在地社區發展。計畫涵蓋範圍包含：「永續漁業」、「海洋遊憩」、「生態觀光」等三大主軸。

「永續漁業」的部分，規劃產銷合作平台，建構完善而友善的海洋產銷鏈，打造地方品牌，推動新式漁村生活體驗，循序漸進，為傳統漁業增添永續發展的價值。「海洋遊憩」則是基隆最大優勢，透過先天觀光資源優勢，帶動與強化區域特色，有效結合跨域合作，逐步強化海洋生態教育與商業量能。

在發展「生態觀光」方面，基隆主要交通網路以於海港周邊為主，若能規劃車網串接，連結各地區重要觀光資源，便可擴大腹地，提高觸及與外溢觀光能見度與成效。同時，也要為各地區打造限定產品與服務，用文化元素製造差異性，提升產業競爭力。

透過計畫推動相關藍色永續工作項目，盼能加速傳統漁村由一級生產者轉型成從事二級加工製造業，甚至是三級服務產業，改善漁村產業結構，提升產業價值。

同時，基隆市政府同步透過「推動海洋環境教育」、「永續方式管理並保護海洋與海岸生態」、「打造兼具永續海洋生態的海洋遊憩新亮點」等活動，促使漁業及旅遊走向精緻化，以尊敬海洋、向海致敬的精神，符合國際 SDGs 的目標，設計

基隆打造藍色永續的海洋城市。圖為潮境海灣。

規劃相關行程。

　　一來優化產業服務能量，打造漁業文化升級，讓遊客享用新鮮漁產的同時，也能了解基隆特有的海洋文化。二來則讓環境永續發展，遊客能認識自然生態，最重要的是提升在地居民的認同感，持續邁向海洋永續城市。

　　基隆市市長林右昌在媒體受訪時表示，基隆正面臨產業轉型階段，無論是漁業精緻化、產業創新、郵輪商務觀光，以及近期誠品書店、大沙灣歷史文化園區等文創觀光等進駐，都讓基隆在地生活與觀光品質更上層樓；此外，更在智慧漁港與智慧消防等領域獲得國際肯定，未來只要持續朝著正確的方向前進，基隆產業輪廓將被更清楚地定義與定位。

邁向「軟體重鎮」與「遠距辦公據點」

　　基隆所面臨的產業困境，在於漁業及海港功能有相當程度轉移到台灣其他港口，加上漁獲量逐漸減少，從業人口下降，而基隆腹地有限，就業機會少，人才外移逐年嚴重，更造成了產業發展的隱憂。

　　「基隆仍有許多轉機，」國立台灣大學社會學系陳東升教授分析，譬如觀光，近年來經過門戶重整，伴隨著台灣逐漸與疫情共存，若能將基隆當作郵輪母港，應可帶來相當可觀的觀

光客，同時建構地區特色旅遊，讓遊客到基隆後駐足停留並消費，而非轉往台北或是其他地區，如此一來便能帶動旅宿、餐廳等商機。

對於未來產業發展，陳東升認為，基隆有機會成為「軟體重鎮」或是「遠距辦公據點」。

可是，台灣長期處於錯誤的土地觀下，居住成本高漲，使得人民失去自在與自我投資的時間，也就不會產生具創意的人才；而缺乏創意人才，國家競爭力勢必受限。「基隆居住成本低，看起來是最大優勢，此外，基隆與汐止擁有的條件不相上下，如果汐止可以成為軟體科技園區，基隆確實也有機會嘗試朝這個目標邁進，」陳東升說。

有了空間，關鍵重點在於人才願意來。在 2022 年舉辦的基隆城市博覽會中，基隆市政府就祭出許多吸引人才的亮點，譬如引進巴黎「十五分鐘城市」的概念，希望將居民需要的醫療、長照、托育等公共服務，集中在十五分鐘之內的路程便可取得，其中托育設備已經建置得相當成熟，相信未來能逐步做

吸引人才到來，並不只是人的匯聚而已，
要能讓人在此地長久居住、甚至有心貢獻地方，
則需要的是城市中有共同「願景」。

到位，將基隆打造成一座宜居城鎮，吸引國際觀光客、軟體工作者聚集。

將隔絕轉變為流通，成為起點城市

要廣納人才，一如陳東升提到海洋的特性，「基隆被視為海洋城市，而海洋的特性具有連結性，但也可能是個隔絕，當周邊競爭對手一多，優勢反而可能成為劣勢，變成被隔絕的城市。」

基隆於 2022 年舉辦城市博覽會，展現基隆城市治理成績。

陳東升指出，「如果推動市政、產業沒有願景，海洋就變成隔絕的代表，阻礙了產業發展或其他重要文化，無法將海洋特性正面發揮，將隔絕轉變為流通。」

以基隆來說，林右昌上任市長後，開始　　新氣象、有了願景，除了十五分鐘城市的概念，也　　將基隆視為「起點城市」，類似「生活實驗室」。

基隆人口約三十六萬　　不算多，卻很適合進行這樣的計畫，當有任何一種新　　活方式或是概念，都可以從基隆開始

市長林右昌（左二）未上任前就邀請專家討論基隆城市治理與景觀規劃等各項議題。

「嘗鮮翻玩」，注入創新活力，進而吸引其他城市學習。也可導入循環經濟城市的概念，目標成為零廢棄物城市，推動居民實作並且融入生活，未嘗不是一種嶄新的國際觀光賣點。

人才移入之後，如何將基隆打造成不同文化移民的城市，展現包容多元文化的氣度，讓世界各地來的新移民都能安心在基隆深耕發展，更是關鍵所在。

目前，國際上已出現「數位居民」的案例及概念，或許在不久的未來，我們的政府可以跳脫既有制度框架，打破過往入籍的繁瑣流程，讓人們願意來到台灣過生活，享受部分權益與義務，也對產業做出貢獻，創造更大的價值。

妥善規劃產業，吸引各方人才

不僅要吸引人，是否也有機會吸引公司甚至產業圈進駐？陳東升認為，首先應該就「人才」、「空間」及「產業特性」進行剖析，「人才最重要，在地人才留得住，搭配吸引國際優秀人才，拉高水平，掌握第一個契機；其次是空間，基隆建築老舊比例高，如何打造適合辦公的聚落或空間，需要思考。最後則是必須具有產業優勢，要有發展特色、基礎設施及人才。」

以目前統計數字來看，雖已出現年輕人回流基隆的跡象，但仍不顯著，不過若北部及其他區域房價持續攀升，加上公共

設施已臻完備，對年輕人移居到基隆工作是相當大的誘因。

另外，未來若有數位公民、數位市民的概念，或是規劃雲端工作方式，更有望吸引外來優質人才。總之，要吸引人才，打造就業聚落，前提就是妥善規劃產業，再加上創意新穎、跳脫框架的做法，才有機會達成。

攜手產學，創造產業綜效

想推動基隆邁向更進步、更高層次的水準，政府、產業、學界共同合作不可少。產學合作如何落實啟動，首先要先將政府與學術單位的權責、義務、資源分配等劃分清楚。

位於基隆的國立台灣海洋大學，是城市中的學術重鎮，更已開始為基隆轉型的概念投入心血。而基隆長久以來的產業——漁業，便是海洋大學的切入點。

海洋大學在漁業養殖加工領域相當專業，已投入科技研發，創造高附加價值產品，如美容保養、養生食品等；此外，在航運管理領域也有豐富經驗，產業界若能善用學術界資源，一起合作，成效值得期待。

以產學合作模式，尋求基隆海洋經濟的可能性，海洋大學結合學生創意，以及學院長年累積的豐厚海洋研究成果，發表基隆的新經濟模式，畢業學生及研究成果則是為基隆提供了得

天獨厚的就業人才資源與產業發展基礎,學術成果則提升基隆在海洋研究的地位,以及探索全新城市經濟模式的角度。

　　因此,基隆市政府可與海洋大學先討論願景、資源如何妥善分配,再者,也期待海洋大學能導入基隆的相關課程,讓學生除了在校時能學習海洋領域的專業知識,並進而對基隆在地現況有深入完整的概念。

國立台灣海洋大學重視產學合作,向港務公司租借八尺門儲木池做為海洋教育訓練基地。圖為基隆市政府八尺門地區規劃願景圖。(荷蘭建築事務所 MVRDV 提供)

至於基隆市政府也可以釋出實習機會、經濟資源，讓年輕人才加入規劃行列，借助他們的想法，為產業發展注入新思維，將學界研究能量轉化為具有公權力的實質推動力。

　　基隆屬於中小型規模的場域，近年來得產、官、學合作之下，清楚定位產業特色後，除了改善海洋、觀光等產業，也逐步建置工業區和科技廊帶，待基隆捷運開通，便能打造東台北共同生活圈，讓產業轉型與升級。簡而言之，只要能找到產業上的特色定位，相信基隆仍有許多能轉型升級的可能。

再次揚帆，基隆產業共榮的未來

　　從古至今，基隆藉著基隆港經歷繁榮輝煌的時日，基隆港則乘載著基隆的種種繁盛興衰的歷程，當明珠蒙塵，下一步該怎麼走？

　　基隆市政府這幾年來的規劃與推動，帶領城市揮別陰霾，

「危機」就是「轉機」，甚至「契機」，
基隆長年以來被刻板印象的陰影環繞，
好似有永遠無法擺脫的詛咒，
但凡事都是一體兩面，並且環環相扣。

展現嶄新面貌，也開始有了願景，並將優勢、問題、可能性一一盤點分析。

願景也成為確立產業定位的動力，依序規劃出具體市政藍圖，穩健落實前行，就像船隻的指引，必須先有方向再規劃如何抵達，途中雖有挑戰，但透過用心、堅定的意志持續推動，將對城市產生正面且長久的影響。

而因基隆的條件特殊，導致盤點資源時需要跨政治協商溝通，當多方建立起足夠的共識，後續規劃執行層面將順暢許多。因此，未來將循序漸進，結合學術界專業與人才，整合政府公部門政策及制度，思考如何強化基隆的差異性，將優勢發揮最大化。

雖然看起來仍有諸多考驗等待著基隆，但當城市有了願景，並據以逐步實踐產出成果之後，市民對城市開始有所期待，且未來的關係人口將陸續移入。在重大事件的集體溝通之下，全體市民盼望能重溫往日榮景，凝聚超越時代的向心力，成為具有新穎、包容、進步特質的新都市。而有了這樣強烈的牽引，必能讓基隆一步步築夢踏實，乘載著想像與期待，再次使蔚藍海岸展現耀眼光芒。

基隆東岸港口景觀，遠方為基隆嶼。

海洋主體性的政府組織

台灣四面環海，是個海洋國家，
但我們對海卻極其陌生，對海的想像更是貧瘠。
做為海洋國家，在政府組織、教育、文化等方面，
跟包覆著這座小島的大海，有些什麼連結？
大海又如何形塑我們？

「每到夏天我要去海邊⋯⋯」1999 年，脫拉庫樂團這首〈我愛夏天〉在年輕人間傳唱，歌詞透露著赴海邊玩樂的期盼。

但曾經有很長一段時間，台灣的海洋事務未被重視，1949年至 1987 年，長達近四十年的戒嚴時期，鑑於國土安全考量，擔心被敵軍從長達一千多公里的海岸線入侵，台灣所有海岸平均高潮線往內推五百公尺，都是國防管制區，由情治單位國防部警備總司令海防部隊管轄。除了不得攝影、開發，更有許多完全無法靠近的軍事禁區，這樣的管制對許多在臨海鄉鎮長大

的人來說，並不陌生。

港口管制也十分嚴格，碼頭區往往以高牆擋住，不讓遊客進入。來到海邊或碼頭，布滿海防哨所，加上港口安檢，充滿戒備森嚴的氛圍。只要提到海邊，容易與走私犯罪行為產生聯想。這些形象與國外愜意港邊、海邊漫步的畫面，大相逕庭。

根深柢固的懼海、遠海意識

國人自由出海，同樣被禁止了很長一段時間。儘管十二海里內都是自身國家的領海，理應開放國人自由活動，但過往出海採申請制，船隻出入要經過層層通報、申請與檢查，程序繁複，讓出海變得格外不自由，不利於觀光休閒活動或海洋事業發展。

此外，海邊常有水域危險的告示牌、欄杆，屢屢暗示我們應遠離水域。年長世代普遍告誡家中孩子不得去海邊玩耍，認為大海就是危險的代名詞，應避而遠之。每到夏天鬼門開關之際，新聞不時會報導海邊溺水事件。比起如何安全地親近大海，人們往往以民間信仰出發，著墨在水鬼抓人、大海是可怕的，這些觀念都默默加深台灣社會潛意識對海洋的畏懼。

因此，除了國防安全的維護，台灣長達半世紀以上的海洋活動，大多只與經濟需求的漁業有關。

從歷史演變來看，中國元朝時期已有大量貨物和白銀進入中國，政府也因海外貿易帶來的經濟收益，採取積極開放的海洋經濟政策。但元朝統治權海洋經驗不足，又無法抵抗來自海上的重大威脅如海盜，因此種下亡國的引子。明朝立國，鑑於元朝海上動亂的歷史教訓，治理者採取與海隔絕的嚴格海禁政策，恐懼開放海洋邊界，也影響海島台灣的過往主流意識。

　　而無論是狹義或廣義的海禁，雖然成功抵擋外人藉由海岸侵入台灣的可能性，但同時也封鎖了國人親近無垠大海的機

台灣雖然四面環海，但人們與海洋並不親近。

會，更遑論因海洋產生的無限可能，都被海禁阻擋在外。懼海、遠海原本出自特殊的歷史與文化背景，卻融入台灣人的血液，造成即使台灣四面環海，但人們跟大海一點都不親近，不像海島或海洋城市與國家的子民。

與海洋疏離、斷裂的狀況，解嚴後終於改變，但遲至千禧年政府提倡海洋政策，才有些許鬆動。

朝向海洋國家邁進

1996 年，海洋國家的主張首次在選舉政見中被提出。海商法律師出身的前總統陳水扁，則在 2000 年大選時主張「海洋立國」，並陸續出版《海洋白皮書》、《國家海洋政策綱領》、《海洋政策白皮書》。隨後，政府更陸續開放海洋、海岸解嚴，僅留必要之海岸管制區，縮減至全海岸線的 2.45%，希望降低海洋活動的限制。接任的前總統馬英九亦延續海洋政策，提出「藍色革命‧海洋興國」。

2020 年，行政院發布《國家海洋政策白皮書》做為新一代的海洋政策施政，並推出一系列「向海致敬」政策，去除八成的原有限制，鼓勵人民「淨海、知海、近海、進海」；《海洋保育法》、《海域管理法》、《海洋產業發展條例》新的海洋三法更是在推動立法中。

儘管外界質疑宣誓成分高於行動，但海洋政見、政策的陸續發布，仍是顯現海洋為國家治理之重要地理的現實。

　　台灣全面實施週休二日二十多年後，休閒活動大幅增加，加上相關政策的推動，海洋活動愈發興盛，舉凡獨木舟、衝浪、浮潛、水上摩托車、渡輪，國人開始不用千里迢迢前往其他國家，得以就近在台灣體驗與大海的親密接觸，走向大海。

近年來海洋活動逐漸興盛，也因此拉近了人們與海之間的距離。

但台灣的海洋立國不僅慢了許多國家很多拍才起步，進展速度也極其有限，如開放海域的程度，海洋的教育、保育、研究、觀光等議題，仍有非常大的改善空間。

前往的目標必須明確，才能更有機會或更快地實現目標。因此仍須先退回最初的起點，好好思考並回答：之於我們而言，什麼是海洋國家？什麼又是海洋主體性？

植入陌生的海洋主體性

針對上述最根本的提問，基隆市政府都發處處長徐燕興分享：「海洋社會做為一個天天變動的社會，開放是對的，封閉是不對的，自由是對的，討論是對的。」他心目中具有海洋主體性的社會，須具有開放、自由、討論的空間，以因應海洋社會天天變動的特性。

徐燕興就讀碩、博士時，研究台灣的土地跟都市計畫問題，發現台灣被中國與日本的治國方式影響極深，深陷在這些既有框架，迷失自我，造成「缺乏主體性」。尤其赴荷蘭交流後，他認為具有海洋主體性的海洋國土治理努力非常重要。

「大陸型農業社會，要靠土地才能種出食物，並用交換取得剩餘價值，變得富有或幸福；海洋社會靠海，從其他島掠奪資源，掠奪發展到後來變成交換，發展出商業性格。因此海洋社

會應有冒險性格，」徐燕興點出農業社會與海洋社會從本質上即存有差異。

兩者相比，大陸型社會重視土地利用，影響發展；海洋社會的大海則是趨向無限，重視交換，蘊含更豐富多元的可能。

海洋國家成就全球經濟發展

荷蘭就是典型的海洋國家。17 世紀，荷蘭政府整合民間公司，創立聯合東印度公司，東印度公司除了享有東方貿易獨占權，也得以組建軍隊、修建要塞，甚至任命文官。東印度公司催生了全世界第一家上市公司、證券市場、公司制。短短兩個世紀，這家公司送出近一百萬人、近五千艘船前往亞洲，並獲得巨額的香料貿易利潤，創造許多富翁。

這樣的操作，成功降低國際貿易的財務風險，讓東印度公司得以在國際的激烈競爭中賺取高額利潤；荷蘭更成為全世界第一個現代資本主義國家，經濟發展水平高。

荷蘭的成功也與其環境有關。相比中世紀歐洲是採莊園制度，荷蘭則是填海、開墾沼澤地，讓大家不容易主張土地所有權，貴族所有的土地比例相對低。

荷蘭除了經濟高度發展，大幅捲動全球金融市場，也具有高度自由，如在 16 世紀即讓國民擁有宗教自由，早於其他西歐

國家；19 世紀中創立議會選舉，屬世界首批國家；21 世紀初立法承認同性婚姻，更是創全世界首例。此外在世界排名中，人均收入高、快樂指數也高。

海洋國家除了帶來高度經濟發展，其帶來的民主養分也是十分重要的，「因為是海洋，所以會天天變動，必須包容不同聲音，要讓小聲音經由快速辯證，將對的事情變成主流。但我們現在卻不是這樣。小聲音得經由複雜的過程才能變主流聲音，而當小聲音一變成主流，另外一個新的價值又出現了，趕不上變化，怎麼會有競爭力？」徐燕興認為。

尤其在金融與網路皆全球化的此時，社會變動速度飛快，做為一個具有包容、討論、共創、凝聚等特質的海洋國家，將更能因應。或許不久之後，連大陸型國家都要參考海洋國家的發展方式，更何況海洋國家本身呢？

「我們想要變成更好、更幸福的地方，那該怎麼解決眼前的問題？所以必須包容，促成討論，然後願意交流，找到對的方向，支持對的方向，」徐燕興再次強調，當台灣植入海洋主體性，將有助台灣更具包容、共創等開放特質，才能因應國際趨勢瞬息萬變的挑戰，提升人民的幸福指數。

若以傳統的土地面積來衡量，基隆不僅面積小且位處邊陲，但改以海洋主體性思考，台灣位於東南亞海域與太平洋亞洲海洋的中心點，四通八達，基隆則是北方門戶，相比幅員廣大的大陸

型國家，海洋國家具先天地理優勢，擁有面對挑戰的變動彈性，「以我們的 size（規模）來說，是更偏向 city state（城邦、城市國家），」徐燕興補充。

首先，台灣必須先認知自身潛藏的海洋主體性，好好思考並勾勒理想社會型態，再來才能徹底發揮這份如同禮物的特質，成為一個讓人幸福的社會。

海洋主體性的政府組織

長年禁海的結果，導致台灣社會對海洋國家想像的缺乏，並反映在政府組織架構上。

海洋事務原本無專責機關，僅於 2004 年成立行政院海洋事務推動委員會，做為推動平台，海洋事務分散各部會，需要統合。海洋專責機關的空白，導致諸多海洋事務未能獲得妥善處理，更遑論研擬需要從長計議的海洋政策，國家發展「重陸輕海」。

2015 年 6 月，立法院通過涉及政府組織改造中的「海洋四法」。2018 年，海洋委員會正式成立，成為最高的海洋事務專責單位，下轄海巡署、海洋保育署及國家海洋研究院（注：2019 年成立），期望將台灣打造成「生態永續、海域安全、產業繁榮」的海洋國家。

原本海洋委員會只納入海巡署，海洋保育署與國家海洋研究院則是民間團體長期倡議奔走之下，才在最後關頭加入，象徵海洋的保育與研究開始受到重視，走入海洋國家新紀元。

　　在政府成立海洋專責機關後，得以初步專業分工化，解決長年多頭馬車的問題，如新成立的海洋保育署負責統合海洋相關政策、海域與海岸巡防及海洋保育；國家海洋研究院負責政

基隆市政府海巡署弟兄共同執行鯨豚救護任務。

策海洋研究規劃、海洋資源調查及海洋人力培訓；原有的海巡署則可專心負責執法和巡護。

相較海洋保育署負責非漁業資源，漁業資源的保育工作則交由漁業署主責。兩者如何合作決策，更好地整合以促進開發與保育的平衡，達到整體海洋保育，也是一大任務。

參與變動，帶動變動

但專業分工化仍會衍生三不管事務，顯現政府儘管專業組織化，對挑戰的因應能力仍是有限。因此，必須回到政府組織是否真正具有海洋主體性，亦即因應大環境趨勢變動的能力。

「以我們目前的治理環境，就算不受到大環境影響，本身在地理規模上也已經是天天面臨變動了，所以我們必須清楚是要參與變動，或是帶動變動，甚至有帶動變動的企圖心，」徐燕興分析。

如更偏向城市國家的台灣，中央與地方政府的定義可以有更多可能嗎？地方首長能不能兼任部會首長？部門可以彈性改組嗎？人員任用能否更有彈性？具有海洋主體性會賦予我們更多的想像。若將這樣的提問回到空間治理上，應該處處都是海洋單位。

因應時代需求，政府組織架構上也應更快回應。如日本內

林右昌市長（右二）上任後，即與港公司成立市港策略聯盟，也是後來市港再生平台的前身。

閣府從 2007 年起，特命擔當大臣負責少子化、地方創生、男女共同參與等新興議題，已有數十名議員輪番上任。

2022 年 8 月底，台灣數位發展部正式成立，由數位政務委員唐鳳擔任首任部長，負責數位發展政策。相較網路時代已更替數輪，數位部的成立算是慢了許多拍的改革。

做為一個海洋國家，選擇限制重重還是多元彈性，如同選擇了停滯或成長。

「股票的發明在荷蘭，全世界第一個花市交換制度在荷蘭，

現在談循環經濟也是，荷蘭一直掌握世界趨勢，扮演重要角色，甚至擁有訂定產業標準的能力。台灣必須有這些想像，才能站得起來，」徐燕興以荷蘭經驗，認為台灣必須勇於想像與勾勒海洋社會的樣貌。

這也反映，目前的代議制外，還可以加入更多民主的討論？像是運用海洋主體性的特質：包容、討論、共創、凝聚等，創造台灣多元的未來。

如近幾年來，基隆市政府與中央交通部的港務公司建立「市港再生標竿計畫平台」，促成各種中央與地方的合作平台，將「環境景觀設計諮詢平台」打造如新的海上戰艦，整合市府各局處，執行基隆重大建設。社會處、社區大學、都市發展處與文化局組成四社一體的社區參與共同平台，宛如結合社福、教育、營建與文化的社區處。

此外，各種政府、民間、企業、青年的共創，都是在此問題意識下以海洋為主體的行動，讓基隆的海洋性格逐漸形成。

海洋教育復興

如何具有海洋國家思維？海洋教育格外重要，包含狹義的納入課綱、教學體制，與廣義上坊間五花八門的海洋活動。

由於海運及傳統水產業的民生需求，海洋專業教育發展早

於海洋普通教育數十年，在 1970 年，海洋專業教育即開始有計劃地發展，於 1980 年達到高峰。

然而，在教育自由化的競爭下，八〇年代後期轉由以民間海事人才培訓為主。

遲至 2004 年，海洋教育首度被納入「四年教育施政主軸」，包含推廣海洋運動以提升學生游泳能力。三年後訂定《海洋教育政策白皮書》，確立除了培養海洋產業專業人才，需強化各級學生之海洋素養，推動海洋思維的全民教育。

2008 年，海洋教育更納入國民中小學的九年一貫課程中，正式進入基礎教育階段，各地更成立海洋教育資源中心。

2013 年，教育部補助台灣海洋大學，設立台灣海洋教育中心，期望整合相關教育資源、建置推動平台，並提供海洋教育輔導諮詢，以推動海洋教育並提升全民海洋意識。

從千禧年來一項項的海洋教育行動來看，海洋普通教育雖然晚起步，但也默默推廣了近二十年。

親海、知海、愛海

在海洋教育中心推動下，全國各縣市成立海洋教育基地，並結合「向海致敬」政策中的海洋體驗教學。

2022 年新獲認證的 16 所學校，運用食魚教育、減塑行動、

獨木舟、衝浪與 SUP 體驗、養殖實作、淨灘活動、海洋議題等不同面向,融入表演藝術及海岸地形踏查等課程,提升學生的海洋素養,達到親海、知海、愛海的海洋教育目標。

譬如台東縣長濱國中,透過格陵蘭蒙皮舟模型船的製作及實際下水操控,讓學生在了解船體結構與功能後,學習獨木舟之基本操控技巧;宜蘭縣大溪國小研發的課程模組,讓育英國小學生觀察海浪並學習衝浪基本技巧;新北市野柳國小緊鄰野柳地質公園,附設幼兒園的老師帶幼兒走讀特色漁村,實地了解潮間帶和野柳岬的濱海生態多樣性,再從石花、石蓴等不同海菜、海藻,讓孩子認識海陸食農的不同。

宜蘭縣岳明國小則將帆船教學列入必修課,小學三年級就要學習駕馭帆船。三十二名學生駕駛帆船環島,在海上接力航行二十七天、共一千五百公里航程,從海洋視角來認識台灣。學生駕駛的「光腳號」更是一艘海上行動教室,學生邊航行邊進行海水取樣與海漂垃圾調查,做為全國海洋教育教材。

想翻轉長年禁海帶來的「重陸輕海」觀念,
我們必須更認識大海,鬆動舊有的文化傳統,
才有機會不畏懼,讓更多人對大海從無感轉有感,
甚至珍惜,懂得如何與大海共存共榮。

為了從教育扎根，拉近海洋與人們的距離，有些學校會結合食農教育，透過料理課程讓孩子們輕鬆了解海洋知識。

　　台灣海洋大學師資培育中心主任吳靖國在海洋專業人才培育論壇指出，台灣的海洋教育必須朝向普及、精緻、永續等三方向，將海洋教育連結到生活實踐，並設立學習平台與連結海洋產業等。

校園之外的海洋教育

　　除了學校體制內的教學，學校外的海洋休閒活動也日益興

起，像近年盛行的划獨木舟、潛水、衝浪與 SUP 體驗，每逢假日，愈來愈多人從城市奔向大海的懷抱，號稱生在海洋國家的人民們，終於享有各式的大海初體驗。各式組織發起的淨灘活動，則讓國人從海邊撿垃圾的行動來認識海洋廢棄物議題，並將減廢實踐於生活中。

基隆身為海洋城市，設立多年的海洋科學博物館、外木山濱海風景區、垃圾場改建並兼顧海洋復育工作的潮境海洋公園等，更是吸引許多觀光客或市民造訪，提升親海性，這些都是學校之外的海洋教育。

提升安全性也是海洋教育重視之處，推廣荷蘭游泳教育的「像一條魚」網站指出，台灣推廣游泳教育有效改善溺死人數，從 1990 年代的每十萬人有 5.5 人死於溺水，到 2013 年降至 1.5 人，不過與其他水域遊憩發展大國相比，台灣的溺水率仍然偏高。增加基本水域安全與防溺觀念，比目前體制內主流的競技性培養更加重要。

心中有海洋，海洋無所不在

海洋委員會副主委蔡清標曾在受訪時提及：「生活處處是學問，教育本來就不限於學校，學習也不需要拘泥於課堂，相對於學校師生而言，校外群眾量體更為龐大，如何將海洋教育普

透過魚苗放流，可加強海洋永續教育的概念。

及到社會大眾是一個大課題。」

長期推廣海洋教育的吳靖國更將海洋的內涵分為：海洋生物、生態、資源的自然海洋，涵蓋海洋開發、海洋科技、海洋保育的社會海洋，以及包括海洋歷史、海洋文學、海洋藝術的人文海洋。

若心中有海洋，海洋的確無所不在。

基隆潮境海灣節的系列活動中，帆船賽吸引各國好手聚集在基隆大顯身手。

除了培養海洋專業人才，或將海洋教育納入臨海／非臨海學校的課程，如何讓大海成為我們無邊界的教室，把海洋教育納入每個海洋國家國民的必修課，也是同樣關鍵。

海洋文化就是一種具海洋性格的生活方式

如今，許多人在規劃休閒活動時開始會排進海洋活動，抑或只是去海邊走走。

親近海洋，是擁有海洋文化的第一步。

「以最普遍的定義來說，文化是一種生活方式。應該將推廣海洋教育變成一種生活方式，文化才有可能出現，」徐燕興分享他眼中的海洋文化，就像一種生活方式，來自更扎實的海洋教育與推廣。

愈來愈多人加入海洋推廣隊伍之中，像台灣有一群熱愛水域活動者，組成台灣開放水域聯盟，喊著「水域解嚴，還我海洋國家」，試圖打破未與時俱進的諸多不合理限制。

基隆已連續五年舉辦潮境海灣節，內容包含帆船、SUP、獨木舟體驗營的海人新手村，體驗潮境、漁村的海洋文化體驗，以及舉辦基隆帆船賽，不遺餘力地推廣海洋，讓更多人認識海洋之美，不僅帶動觀光發展，甚至成為一種生活方式。

在不遠的未來，或許除了現行的徒步、自行車、機車、火

車等陸上環島，帆船環島也能成為普及的選項，讓更多人陸海並行，重新認識台灣。

若港口硬體建設有所提升，海洋教育也開花結果，海洋文化將更有機會融入台灣人的 DNA，分享以海聞名的基隆願景。

藉由海走向世界

培養海洋文化看似浪漫多於實際，但在現代資本社會中，具有海洋性格，的確有助提升城市與國家競爭力。

1980 年代的北歐國家看似比台灣差，到了 2000 年就不一樣了。現在全世界的綠能產業跟技術多是丹麥研發的，成功的北歐經驗是來自海洋主體性，也是台灣未來可努力的方向。

曾經，不少台灣港邊的房子背海而居，透露著集體潛意識中對海的畏懼及無感，但在政府與人民重新認識我們的環境之後，更有意識地選擇從背對到面向大海。

「台灣四面環海，但我想很多台灣人對海是畏懼的，然而看西方國家發展，譬如西班牙海權時代、英國時代，他們都是藉由海走向世界，」經濟部水利署署長賴建信同樣認為，應藉由海走向世界，基隆這幾年打開想像的方向非常正確。

「台灣不應該如此窄化自己，地方政府也不應太窄化看事情，我們的未來在四方啊，」徐燕興認為，「我們必須自我砥

礁，下一代應該要更有毅力、不受環境的限制走出去。就像荷蘭、丹麥，總有一代人要做到這件事情。」

這並不是指台灣一定要長成什麼樣子，而是需要有開放、凝聚、共識、包容、討論的精神，設計討論機制持續談，有了共識就一起開始做。

就從認識海洋開始吧！勇敢想像自己是身為海洋城市國家的子民，才能迎向未來的各式可能與機會。

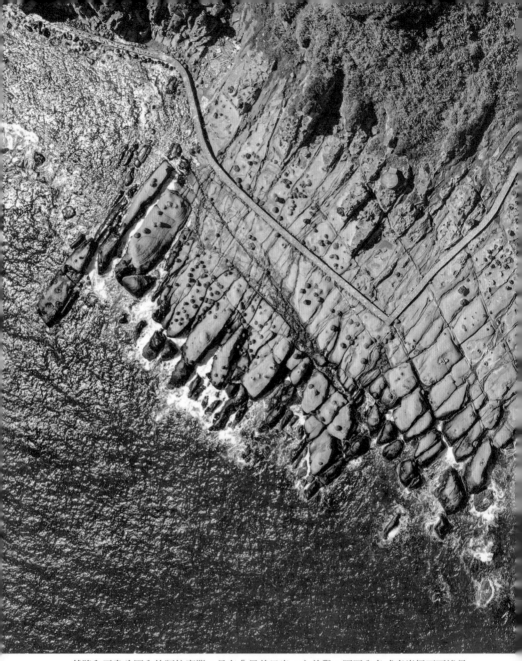

基隆和平島公園內的阿拉寶灣,具有「最美日出」之美譽,園區內各式奇岩怪石可說是鬼斧神工之作。

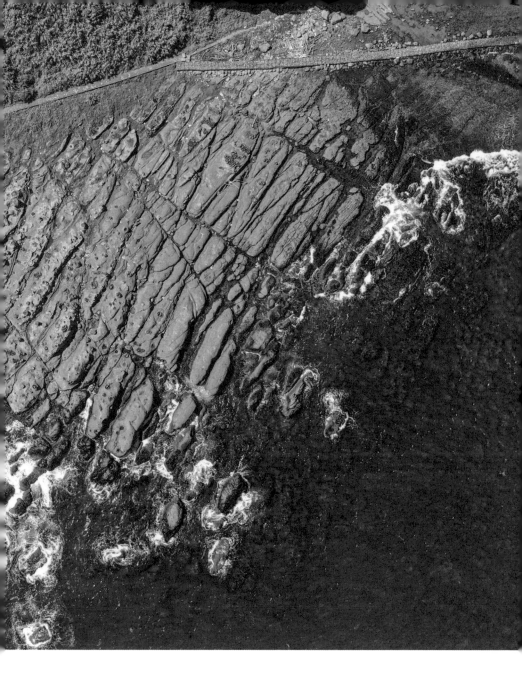

邁向永續韌性城市與國家

如何打造韌性城市，使城市具備快速回應環境變化的韌性，
將自然、人為災害等對環境與人的衝擊與危害降到最低，
這幾年在各國間備受關注，
其中水環境安全更是與人息息相關。

2022 年 8 月初，韓國首爾遭逢百餘年來最大暴雨，儘管首爾貴為首都，硬體建設完善，仍淪為水鄉澤國。

地鐵站的水如大瀑布傾瀉而下，地鐵停擺、高速公路封閉，交通大亂，人們難以移動，就連總統尹錫悅也被大雨困於家中，無法前往指揮中心調度救災。三天內密集降下五百多毫米的雨，造成十多人以上的死亡或失蹤，上千位市民更有家歸不得，國內有數千多座建築遭水淹。

相似的淹水場景，台灣人並不陌生，強降雨尤其好發於颱

基隆河蜿蜒於河谷廊帶，並孕育出碇內、八堵、七堵、六堵、百福及五堵等市街，在員山仔分洪道完成前，每逢強降雨即面臨溢淹的挑戰。

風或梅雨時節，如 2009 年的莫拉克風災，長時間強降雨引發土石崩塌，不幸導致小林村滅村，全台共計六百多人死亡；千禧年初的象神颱風，或 1990 年代溫妮颱風造成的林肯大郡事件、賀伯颱風，還是更早期的八七水災，皆無情侵毀家園。水患可小可大，但對環境與人的衝擊一直不容小覷。

　　隨著氣候變遷且愈來愈難以預測，短延時強降雨的暴雨日益頻繁，強度更強，遠遠超過原先規劃的堤防防洪量或排水量，導致洪患與淹水。我們又該如何因應呢？要治水，必須先

了解水的特質，並認識我們身處的環境。

水孕育生命也帶走生命

　　水是文明的起源。從西方的兩河流域到東方的黃河，皆是
從河畔開始孵育出人類的豐富文明。水與生命密不可分，是三

台灣地形山高水急，造就特殊的水流湍急環境。

大要素之一。河除了是生命之泉,提供飲水、耕作水源,也是運輸航道。

水既親近卻也危險,不時帶來對人類生命或經濟的危害,如台灣歷史上的水災、複合型災害,或是 2011 年日本三一一地震引發大海嘯淹沒家園的畫面,皆歷歷在目。不論水量過多導致的水患,或是水量過少引起的旱災,抑或是水引發的複合式災難如土石流,都是人類發展史上的痛。

「文明發展起源必然是因為有水,文明是從水開始,我認為改變也要從水開始,」賴建信強調,「水治理」扮演著改變時代的重要性。另一項如何和平地與水共處的關鍵,是認識我們身處的環境並採取相對應措施。

台灣四面環海又山高水急,三萬六千平方公里的小小一座海島,有兩百多座海拔三千公尺以上的高山,密度之高,造就台灣特殊的水流湍急環境。此外,台灣沒有像歐洲萊茵河或法國塞納河那般和緩的河流,河道陡、表面土壤沖蝕率大,因此只要一遇上驚人雨量就容易造成災害,這種種先天地理、氣候限制,都是台灣在治水上的挑戰。

危機四伏:從外水到內水

河做為天然地理疆界之一,劃分人類的居住區域。人類自

古以來便是逐水而居，如何與河流安然無恙地共處，始終是關鍵課題。

各地視水患為食人猛獸，築起高高的河堤或防洪牆，期望將這類河水氾濫的外水徹底擋於居住地之外。

河堤與防洪牆要築在哪，取決於人為訂定的水道治理計畫線（以下簡稱水道治理線），水道治理線區隔人類居住環境與河的流域，也在開發與永續環境的光譜兩端間挪移。水道治理線規範河堤與防洪牆興築，以減少災害衝擊，地方管河川一般由地方政府訂定，再送交中央政府審訂公告。

賴建信分享，國際上無規範水道治理線或加以管理河川的國家，災害發生時容易釀成巨大衝擊。不過現今國際上，水道治理線變得比以前彈性許多。

像是日本，過去水道治理線內完全不能有任何人為設施，目前則是規定，經過社區居民同意，得以局部設置如露天咖啡廳等暫時性設施。荷蘭水道治理線內先前也是必須完全清除，不能有人為設施，好讓河水暴漲時可順利通行，但近年也放寬，像文化古蹟就可以留存，形成與水共存的狀態。

德國漢堡的易北河沿岸是洪患好發地，平時看不到水門，但當洪患發生時就會開啟水門攔阻水；另外在大洪水侵襲時，河岸的景觀設施也會立刻化身為蓄洪空間。

徐燕興補充，德國漢堡新港地區的再生發展計畫，把一樓

德國易北河沿岸是洪患好發地，影響在地居民的生活環境。

易淹水處用都市計畫法令限制放置機電設施，並須做防水設備，建立三樓以上人行路廊系統，和二樓以上防災道路系統，確保城市的防災能力。

「跟水共處不是完全一刀切，水經過的地方就完全不能用，」賴建信強調，不過他也提醒，國外經驗不能完全複製到台灣，因為環境不同，很多國家放寬是因為低地環境，風險相對可控，但台灣地勢高、河川陡、地質破碎，若河畔未做適度管制，反而是讓赴河畔活動的民眾處於險境之中。

台灣山高水急的先天環境限制，加上人為對集水區、洪流緩衝區如濕地、窪地等的過度開發，都加速洪患發生的機率與危險程度。

儘管中央管河川的防洪工程已經是以一百年洪水標準訂定，有些河流甚至是以兩百年洪水標準，但在全球氣候極端異常下，難保堤防或防洪牆不會被衝破，屆時生命與財產損失必定難以估計。

過往數個世紀，荷蘭以一次次提高堤防的方式治水，但1990 年代在嚴重洪水侵襲之下，堤坊幾乎潰堤，造成二十萬人被迫遷離家園，也因此大幅影響治水觀念，從水利工程見長的與水爭地，趨向還地於河（Room for the River）、與水共生。其中，荷蘭東部歷史悠久的城市奈梅亨（Nimwegen），便將部分堤坊向堤內移三百公尺，做為氾濫公園，實踐還地於河。

隨著環境研究進展，都證明水道治理線在社會發展與土地取得可兼顧之情況下，勢必要往城市內退，將遭人占用的土地還到河川自然力上。

「河川會自然擺盪，應該給她足夠的空間。與水共存，是尊重河川的生命力，同時也要提升城市的應變與適應能力。」承接政府許多環境規劃與設計的經典工程顧問有限公司主持人劉柏宏說，這番還地於河的道理並不難懂，尤其台灣的環境特殊性，必須更加重視。但在急切開發新區域之際，人們卻十分容易忽視這番道理。

使人與河趨向更平衡的關係

近幾年，城市開始面臨更多挑戰。除了築堤抵禦外水，不時發生的短延時強降雨，就是直接降在城市裡的內水，直接考驗城市的日常運作。高度開發的城市能否減緩衝擊，並在每場災害來臨後盡快修復回到往昔的樣子，成為每個國家、每座城市治理者必須思考的事。

從前農業社會，每當下雨時，稻田就變身成自然的蓄水池，遍布鄉間的泥土路也具有好的吸水力，可以分擔一定水量。雨過則天晴，水患往往影響有限。

隨著社會發展，一座座城市應運而生，鄉間小路變成鋪柏

油的大小道路，一畦畦稻田變成水泥房舍、水泥鋪面的停車場。不僅地表逕流量比農業社會時期大幅降低，氣候變遷更帶來無法預測的天氣變化，防禦力減、衝擊增之下，內水造成的危險度日益升高。甚至有人戲稱，這如同人類積極蓋出容易淹水、將生活暴露於風險之中的城市。

排水系統優化為關鍵任務

「台灣以前的城市治理規劃好像在『堆蛋糕』，道路分隔島要比道路高，一旁走道也要比道路高，一個比一個高，這樣堆下去，連公園都比道路高。下雨時，馬路自然就變水路，不意外，」賴建信分享台灣城市治理的顯著改變。

台北市的排水系統在台灣算前段班，在國際上亦屬先進城市標準，設計排水量達每小時 78.8 毫米雨量。但短延時強降雨一次次突破歷史紀錄，連台北先進的排水系統也將難以防範。

無獨有偶，2022 年 8 月，韓國首爾降下一小時 140 毫米以

除了防範不定時襲擊的暴雨，
流經城市之中的河川如何治理，
也是各座現代城市念茲在茲的努力方向。

上的驚人雨量，不僅打破八十年前的歷史紀錄，更遠超過江南地區排水系統每小時 95 毫米的設計上限。

　　比起砸更多資源，追求先進的排水系統加以優化，如何讓城市本體在面臨愈來愈不可預測的水患時，能從本質上有更好的排水性，將是未來各城市治理者更關鍵的任務。其中幾個做法，如開發滯洪池、逕流分擔、打造海綿城市等，都是未來城

2022 年首爾遭逢百餘年來最大暴雨，儘管貴為首都，仍淪為水鄉澤國。

市治理可以投入的項目。

　　這幾年，台灣很多城市裡的公園從往上堆改成往下挖，平常是公園，雨來時就化身成蓄洪池。其他如運動設施、停車場等公共建設，如果也能結合蓄洪池概念，便能有效延遲雨水侵襲的腳步。當雨水可以稍稍停留在這些類滯洪池上，即能減緩對城市與居民生活的負面衝擊和不便。

　　2018 年，《水利法》新增「逕流分擔與出流管制」專章，逕流分擔鼓勵各部會與地方政府聯手，於特定區域興建具滯洪

歐洲許多城市河岸與市區距離近，每逢洪水好發季節，就會在岸邊堆放沙包防災。

功能的公共設施，出流管制則是開發案達一定規模以上，開發單位必須送審出流管制計畫書，並提高建築物相關滯洪功能。

「起碼要落實每個開發案的逕流分擔，都要自己負責，排水不能溢出來，這是韌性城市在水環境議題上很重要的表現，」擔任台灣大學園藝暨景觀學系兼任教師的劉柏宏強調，訂定逕流分擔與出流管制法令，在水治理上具有劃時代的意義。

新的法令修訂，如帶領水的治理往新境界前進，「人與河川之間，不再是一個互相對抗、抵禦的關係，而是去分擔融合，」賴建信認為《水利法》修正，將使人與河趨向更平衡的關係，相關實踐也陸續於全國各地發生。

水利署目前也在同步推動「珍珠串計畫」，將所有水源設施有如珍珠串聯起來，將下雨地方的水引到沒下雨的區域，加強區域調度能力，有助將災害衝擊降到最低。另外，增加城市的綠化空間、蓄水面積，也都可有效幫助養成城市的調適力，當城市「海綿化」程度高，便有助調節災害對環境的衝擊。

城市中的韌性：用河川治理想像城市未來

「全世界各國都把河川治理當成是城市復興或改造的契機，」賴建信強調河川治理的重要性。

譬如基隆這幾年，比較顯著的是大武崙地區治水。 2017 年

的六二水災，因為內水排不出去導致市區淹水，之後水利署與市政府、公益團體合作，疏通並拓寬河道面，再藉由社區自主防災及移動式抽水機等措施，有效排除內水。

政府除了積極防範水患，也同步提升水質，減少水帶來的風險，提升水的可親近性。「很多人不知道，原來家裡排出去的汙水因為水溝上方被加蓋，容易藏汙納垢，造成排放水很髒，如果沒有事先處理就會造成汙染，而一座水很髒的城市，怎麼會有健康的居民？」賴建信強調水質攸關一座城市的生息。

基隆的南榮河、西定河匯流成為旭川，旭川與田寮河再注入基隆港，可以說基隆的河川到港口如同一脈相連，因此水質比沒有港口的城市又更顯重要。

承接政府許多景觀工程的劉柏宏認為，基隆這幾年來投入汙水處理的工作，讓水質改善不少，但仍可以加強。譬如坐在海洋廣場一久，便容易聞到比較不好聞的味道，若要使人更加親近港口，必須持續優化。

對此，賴建信則樂觀看待，認為水質急迫性低，且基隆已著手改善，整體是在對的軌道上前進，未來會愈變愈好。劉柏宏也提醒，目前基隆國門廣場採取策略性做法，廣場吃了港口的面積，若要提升韌性，可以是把廣場旁的車道移除或縮減，給行人更充足的移動空間，但又不至於壓迫港口的面積。

「很多國際上有港口的城市，港邊第一排有非常多餐廳，而

荷蘭是一座運河城市，人們休閒空間與河流的距離十分親近。

且是以人為主的步行空間，」劉柏宏分享國際上許多港口城市更趨向人與自然。對此，徐燕興則回應，國門廣場二期工程會進一步縮減車道，還路於民。

改造河川，讓居民更願意親近自然

有別於特定城市才有港口，每座城市則幾乎都有河川，近年台灣許多城市或縣市也開始著力於河川改造。過往這些河川

雖然流經城市之中，但被居民長期忽視，可能是水質髒，淪為散發陣陣惡臭的大水溝，也可能是河岸邊未設置適合居民停留的休憩空間。

各地方政府透過拆除河川上人工加蓋、淨化水質，將水岸原本過於人工的設計，改造成與周遭自然環境融合，像是新竹的微笑水岸、桃園的南崁溪，或是屏東、新北等縣市，都有不錯的規劃。其中屏東除了發展伏流水資源利用，也藉由設計讓河川相融於河岸環境。

開放河川讓人得以親近，更是關鍵。「有些地方復育活動做得很好，難道只是把河川加蓋或圍網子嗎？復育後，進去的人敢去電魚或毒魚嗎？」賴建信認為，讓人親近自然是關鍵的一步，將會觸發更多人主動地珍惜自然。像是台南的竹溪位於體育場旁，原先水質不理想，經過重新改善與設計後，竹溪與旁邊的國宅相融，中間還設立共融式公園。

劉柏宏肯定基隆優先改善水質，讓更多人願意親近自然的做法，不過如何恢復原有的河川生命力，將是重要的下一步。

「過去大家印象中瑞芳、汐止常淹水，對生活造成很大威脅，容易讓人民覺得是惡地，」賴建信說，現在已大不相同，可見水經過妥善治理，即使是不起眼或淹水的惡地，都有機會化身為讓人得以親水的寶地。

理想的水治理，不只是單純解決水患問題，而是要結合城

市未來的空間藍圖。「城市是個有機體，國家也是個有機體，水的治理不只是疏濬影響航運的水道或是圍堵洪水而已，可以趁這時候想像未來的空間計畫或發展藍圖，」賴建信說，「以水利署角度去看，基隆這幾年就是在想像城市的改造跟面貌。」

徐燕興認為，要提升城市韌性，更重要的是市民。他認為過去基隆從人的價值到工程價值都反韌性，沒有韌性的市民不可能成就韌性的建設。因此這幾年，在基隆市政府都發處社區規劃師、文化局社區營造和消防局社區計畫的努力下，引入韌性城市觀念，並同步國土計畫、基隆捷運規劃和基隆河港規劃，都納入韌性的城市治理機制。

借鏡建築古老智慧並凝聚共識

基隆是座依山傍海的城市，環境相似的城市有美國西雅圖、北歐奧斯陸等。在劉柏宏眼中，相較台灣普遍仍處於「防洪治水」的思維，泰國曼谷則是座具有「承洪韌性」的城市。他曾參訪該國城郊的一些行動，可以看出洪水已經被當地人接受，只是「洪」而不是「患」。其中一個關鍵，就是讓自身居住環境具有不怕水淹的承洪能力。

譬如台灣早期的高腳屋，用欄杆撐起建築高度，而非落地的建築。除了沿水發展的小城鎮，還有一些原住民建築，都保

泰國曼谷的高腳屋建築，就是與水共存的一種居住模式。

有這類古老智慧。「當我們住在河邊，必須知道淹水無法完全避免，並讓生活方式與自然產生和諧關係，」劉柏宏強調，曼谷許多建築都是遵從古老智慧。此外，像新加坡社會住宅的一樓，通常規劃為不住人的公共設施，即便不幸發生洪水、淹水，調適力跟恢復力也會比較高。

除了河畔建築，居住建築是否具備面對暴雨的調適能力也相當重要。發生於 2022 年夏天的韓國暴雨，就有居住於半地下屋的一家三口因降雨過急過大，被洪患堵於家中未能順利逃

生。這起案件比起天災，更像人禍，引發社會對居住正義的批評聲浪，首爾市政府更提出要全面拆除半地下屋。

此外，山坡地水土保持也需要考量，如依丘陵地地形而居，建築容積就得降低，不能像已開發地區那麼高密度的建築，還要從設計去改善建築的適應力。

劉柏宏認為，基隆在河谷廊帶規劃案中納入暖暖、七堵等區域，在開發過程中融合永續發展的概念，就是個很好的開始。

除了傳承與實踐古老智慧，凝聚共識也十分重要，如荷蘭跟美國即強調，治水工程必須結合與民眾的溝通。

荷蘭發展水運多年，但仍不免會碰到自然環境淤積或淹水的問題，需要採取包含分洪在內的治水措施，然而這涉及與民眾的溝通。如 2006 年制訂的「還地於河」計畫，經費高達二十四億歐元，工程橫跨全國三十四個地區。

賴建信曾至美國田納西河流域參訪。每年美國政府會做一次上游到下游的巡禮，一方面巡視水域變化，一方面聽取沿岸民眾對水治理的意見，最後也會邀請所有想發表意見的人來分享，美國工兵團的准將更會當場傾聽並記錄。

防災從自身做起

打造一座韌性城市，其實有許多事可以做，如政府機關鋪

美國田納西河流域洪水暴漲，大水吞沒農田，威脅河流城鎮與人們的日常生活。

路時，採用會呼吸的透水鋪面，讓雨水能自然流入地下水；學校推動水撲滿做為雨水貯流系統的一環，讓學生有意識地學會利用水資源。

「就像好發午後雷陣雨的時節，民眾出門記得帶傘，這就是種風險意識，」賴建信以「主動帶雨傘出門」比喻，強調除了政府的防災軟硬體建設及訂定法令規範，整體社會的自主防災意

識更重要。

另外，家門前的水溝暢不暢通，也是看似不起眼但卻很重要的防水小祕訣。

假如社區平常不定時清除道路上的垃圾，或是都把垃圾掃進水溝造成水溝堵塞，造成無法發揮正常排水功能，下雨自然容易淹水。

民眾除了協助定期打掃，也可以提醒里長通知相關單位來處理並改善環境，將更能從各方面提升環境韌性。「這種事情看起來很 low end（低端），但在我看來，它跟防疫戴口罩是一樣的道理，」賴建信比喻，防災從自身做起，就如戴口罩，將病毒隔絕於第一道防線之外。

有韌性，才能將傷害降至最低

防災意識永遠不嫌多，須透過分享實際案例、認知教育，一步步讓民眾具有充足的防災意識，並開始實踐許多看似不起眼的行動，都有助早日打造更多韌性社區、韌性城市。

「其實人都滿願意學習，」賴建信樂觀看待社會整體防災意識會愈加提升，並分享一個小故事。他曾經在參訪德國漢堡時，請教德國人如何推動節約用水，對方詫異地反問這是什麼問題，因為從小的教育就教導他們要珍惜水資源，「這就是他們

早已內建的 DNA，不需要另外再教育，」賴建信說，在環境治理上，歐洲國家都十分先進。

相比台灣近年常有人倡議水費是否太便宜，導致大眾不懂節約用水，幾次面臨缺水危機。從國內外對水資源的態度，即可顯出我們看待「人與水的關係」的根本差異。

城市是由一個個社區組成，防災若能從社區做起，實踐人與人的共享互利精神，將讓韌性基礎更強，打造更具韌性的城市。像是成立自主防災社區，在難以預測的災難來臨時，更可以提供最即時的救助，將損失降到最低。

劉柏宏主持的經典工程，曾與台北大學都市計劃研究所副教授廖桂賢合作，以嘉義縣東石鄉掌潭村為示範基地，提出打造承洪韌性社區的規劃構想，如幾戶人家中設置一個兩層樓建築，當洪患發生，居民可就近集中在兩層樓的鄰居家避難，不用遠離家鄉去外地的公所、飯店。同樣的工作，基隆結合各類社區計畫，也積極地推動。

「一個城鎮裡每一百戶街廓都有這樣的能量，相互支援，這個城市的韌性才夠，」劉柏宏強調，且每年洪患發生次數有限，如此從小細節改善的防災調適，應已足夠大幅降低災害。

從社區到城市的每個大小行動，都有助提升城市韌性。從根本上更加認識自身居住環境的潛在風險，並加以正視，以實際行動覓得與環境和諧共處的方式，這雖是老生常談，也或許

是極其漫長的路，但仍必須趕緊邁出的步伐。

結合永續價值的開發

基隆河流域開發在 2019 年解除原有發展限制，基隆市政府推出「基隆河河谷廊帶區域發展策略規劃案」（以下簡稱河谷廊帶規劃案），期望藉由河谷廊帶區域再生凝聚共識，找出包含基隆、雙北、桃園九百萬人口的首都圈持續發展轉型之路。

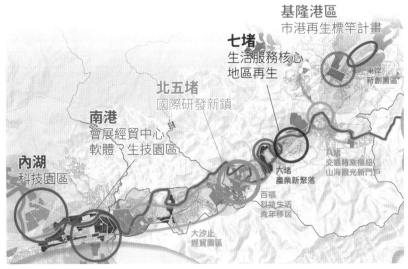

基隆河河谷廊帶再生發展策略計畫空間定位示意圖。

如基隆市舊市區腹地小、開發程度高，難以在短時間翻轉既有的城市樣貌與型態，但若是新規劃的河谷廊帶規劃案加入韌性城市的概念，就十分有機會實踐韌性城市的新樣貌，並成為其他城市的參考典範。

「河谷廊帶規劃案運用包含逕流分擔在內的防洪治理想法，與國際社會很多案例接軌，」賴建信給予河谷廊帶規劃案肯定，並分析其切合國土計畫與城市未來發展的願景，同時在沿岸規劃設施，做為生態緩衝空間。

且河谷廊帶規劃案不只包含基隆，也涵蓋整個大台北地區。「格局放大到一定範疇時，做出來的行為就不會是固有局部區域的規模做出來的事情，這滿不容易的，」賴建信認為，這套規劃案兼顧發展與保育，期望減少災害在未來重複發生。

在全球氣候快速變遷之下，台灣的新開發案不能再像過往，一味地往開發走，需要在開發與永續之間求取平衡，甚至必須往永續多走一點。以河谷廊帶規劃案來說，涵蓋基隆河與開發程度低的暖暖區、七堵區，如何衡量開發範圍、程度，以

已開發的既成地區或許要加強韌性程度，
然而改善有限且相對漫長，
但若是新開闢地區呢？

破壞河谷的珍貴生態愈少愈好，亦是外界關注重點之一。

「以前那一帶都是貨櫃工廠、倉儲區，現在轉型變居住的機會。整理不是壞事，讓工業、工廠環境整理得比較符合韌性，也能恢復基隆河的河川生命力，」劉柏宏認為，但他提醒在新開發居住空間之前，需要更審慎地預估居住人口。

目前國發會預測，到 2050 年，全台灣人口將比現在少四、五百萬人口，只剩一千八百萬到一千九百萬人口，北部人口預估將少得更多。而基隆在 2022 年所提出的國土計畫中，原有計畫是五十一萬人口，現在則下修約十萬，來到三十八萬至四十萬人口。

「當台灣人口整體趨向減少，土地使用應該少哪個部分？我認為是要恢復河川生命力、還地於河，才能讓城市的韌性提升，」劉柏宏主張要記取過去的經驗，放入未來的開發之中。

還地於河，讓洪水不再是「患」

過往，台灣長期與河爭地，以堤防築起人與河的分界，堤防內居住大量的人口，但就算堤防愈築愈高，仍無法完全防範洪患。若要發展韌性城市，勢必要好好思考將水道治理線往內退，讓河川保留它自有的搖擺力、自然力。

還地於河後，河川對城市造成的侵擾會減少，即使被侵擾

了，城市也有比較高的調適能力，「讓洪水不再是『患』，」劉柏宏強調還地於河的重要性，「也要讓居民知道，我們住在河邊應該要有河邊的生活習慣，要適應水邊的生活。」除了還地於河，同步增加居民與城市的調適力，這樣才能形成良性循環，讓城市更具韌性。

劉柏宏指出，一直以來交通是基隆很大的問題，「基隆城市小、道路小，公共運輸也不夠，導致私部門運輸量大，到處蓋高架道路。這對於一座港口城市是非常不好的現象。」為了解決交通運輸與水質問題，基隆早期採取在河川上建高架道路，就像加蓋於河川之上，讓河域失去自然力與韌性，進而影響城市韌性。

蓋高架道路是過往政府選擇了開發與便利，但開始談永續或韌性的此刻，劉柏宏提醒，要建構觀念，為更長遠的建設做出改變，「基隆的環境山多水急，比台灣其他城市更需要發展韌性城市。」

打造城市韌性形同心靈改造工程

「打造城市韌性，形同心靈改造工程，」主導台灣整體水治理政策的賴建信，以更上位的層次詮釋城市韌性。譬如城市在面臨國內外各種政經環境變化時，必須更快速地去融合、調

適，並為城市找到新出路，這也是一種韌性的展現。

有些人對韌性的理解是：「很堅韌、很強大，被如何攻擊都不會倒。」但賴建信認為韌性其實是：「快速回應、調適、恢復能力。」

從水患、土石流等不定時暴發的自然災害，到籠罩全球的新冠疫情、牽動世界局勢的烏俄戰爭，都顯示未來自然或人為環境挑戰與日俱增，整體局勢變遷快速，比起發展得更強大，更重要的是減少負面衝擊。

打造快速恢復能力

以防災來說，日本仙台在經歷三一一海嘯後，不是佛系地期待災害完全不來，也不是冀望興建比過往更高的防潮堤以抵禦海嘯，而是著重在打造快速恢復的能力，像是將民眾生命損失、經濟損失、關鍵基礎設施，都降到最低，如此一來，在災害之後就能快速復原。

近年愈發頻繁發生的短延時強降雨，也應採取相似的預防方式。「短延時強降雨，俗話就是傾盆大雨，以現今全球氣候變遷情勢來說，可能會經常發生，」賴建信指出，與其期待風調雨順，政府更要加強治理手段，即便遇上如 2021 年的百年大旱，衝擊也能降到最小，盡快恢復日常生活。賴建信強調，恢

復力比災害本身更重要，在現今時代，如何與災害共處、化險為夷的哲學絕對是關鍵。

與災害共處的關鍵即是降低任何形式的損失。劉柏宏強調，發展韌性城市也須討論社會韌性，一座城市的弱勢人口比例高，社會韌性也會變低。弱勢民眾在災害發生時，往往比一般人處於更險峻的位置。像是基隆因為常下雨，許多弱勢家庭的房子都有漏水問題，漏水加上雜物堆積，容易影響環境衛生與用電安全。在提升城市韌性度之餘，更要優先關注最需要照顧的人。

「在未來的考驗、挑戰衝擊之下，不論身為水利署署長、局長、市長，或是城市公民，我們都有責任，在不同位置盡己所學，為所處的土地找到新出路，」賴建信強調，打造永續環境，除了專業治理者的責任，更需仰賴公私協力。這也是基隆這幾年整合不同局處社區營造資源，推動韌性城市社會的初心。

搭上氣候變遷的列車

大自然變化莫測，不會因為是房價高不可攀的豪宅區就不淹水。韌性城市或更加永續的環境，都是全社會的共同目標。尤其水會跨越不同行政區、不同國家，涉及跨域治理的挑戰。

賴建信也強調，因應氣候變遷如此快速，不再只能想像這

196

是未來才發生的事，而是要採取行動，或大或小都可以，重點是立即開始。根據2013年政府間氣候變化專門委員會（IPCC）的第五次評估報告，以台北市為例，如果不採取任何行動，到2050年，因洪患導致的損失將高達六十四億美元。

「列車都要開了，還不上車嗎？」賴建信指出，現今全世界都認為氣候變遷十分快速，如果各國政府不盡快採取行動，在未來氣候帶來不可預料的災難時，將連生存機會都沒有。

而各國又該如何針對氣候變遷的議題，快速找到共識並攜手前行？打造社區、城市的韌性是一大解方，但仍須從公部門到私部門，進而喚起社會大眾更多的重視與更快地落實，才有機會朝向韌性城市與韌性國家邁進。

基隆河谷廊帶空拍圖。（攝影／齊柏林）

第三部

治理與未來

共創新社會的城市治理經驗

一座城市之所以會吸引人居住，除了就業機會，有無充足的文教、醫療、社福等資源能滿足全面生活需求，更是民眾決定長期居住的關鍵。

其中，「老」或「幼」的照顧，是每個家庭幾乎都會面臨的挑戰，不少中生代更同時面臨上有老、下有幼的狀況，並負擔家中經濟重擔的壓力。

除了現況的種種挑戰，治理者往往必須看得更長遠，以站在未來的位置思考規劃現今的空間，才能回應時代變化。

———

高齡與少子化之下的
十五分鐘城市

高齡與少子化海嘯同時來襲，城市與國家都將愈變愈老，
這是全世界正在面臨的挑戰。
我們昔日與現今的城市空間配置，
足以應付這個已然來臨的新時代嗎？

　　根據國家發展委員會 2022 年 8 月的人口推估查詢系統預估，台灣在 2070 年時，總人口將是一千六百多萬人，較現在減少 30%、近七百萬人口。主要是幼年跟青壯年人口縮減，老年人口增加。

　　0 到 14 歲幼年人口減少約 50%、143 萬人口；青壯年人口減少約 52%、854 萬人口；65 歲以上老年人口則增加約 74%、302 萬人。

　　可預期的是，半個世紀後，台灣總人口將減少三成，空屋

現代社會的家庭型態與過去不同，對於城市的需求也反映在空間變化上。

率居高不下。然而，現今各式住宅新建案仍如火如荼地進行，未來國民需要的是什麼空間？有限的空間又該如何妥善運用？必須在人口海嘯襲來之際，好好思考。

現代社會多是雙薪家庭，每個中壯年家庭成員都有養家的壓力，且工作型態大幅改變，無法像過往人丁興盛的農業社會，有多餘人力能留在家中，一邊務農一邊照顧家中老幼。

這樣的社會新興需求，也悄悄反映在城市的空間變化上。

近年來，全國各地大舉設立收 2 歲以下嬰幼兒的公共托嬰

中心與社區托育家園，期望補足父母育嬰假結束後到孩子上幼兒園前的這段照顧空窗期。此外，年長者族群快速成長，各地方設有社區關懷據點、C級巷弄長照站、日間照顧中心等，也都是以空間來回應新時代議題。

城市應能照顧居住者需求

在現今時代，公共化的社福資源與支援資源都備顯重要，讓照顧老幼的責任，從過往每個家庭獨力承受，改由家庭與整個社會共同承擔。

除了從數量思考是否具備充足的社福服務空間數，我們也可以更積極、策略性地思考，如何採用空間反轉挑戰，變成下一階段的改變契機？如何妥善運用資源，減輕老幼照護負擔，鬆動人民不敢生、不想生的現狀？

一座城市應當更全面照顧居住者的實際需求，「生有所養、老有所護」，減少三明治世代的壓力，讓他們得以放心工作，

個體組成家庭，家庭構成社會。
每個家庭成員的命運都影響整個家庭，
無數的家庭更牽動著整體社會發展，人類社會是牽一髮動全身。

同時各世代的生活品質也有所提升。生活得好，城市競爭力與國家競爭力自然都會同步提升。

2016 年，法國巴黎索邦大學教授卡洛斯・莫雷諾（Carlos Moreno）以都市計畫概念，率先提出「十五分鐘城市」的想法，主張城市必須重新設計以回應居民需求，居民得以在十五分鐘的步行或自行車騎乘範圍內，抵達住所、工作地點，完成食物採買，或實現醫療、教育、文化、娛樂等生活各面向需求。

台灣地狹人稠，大部分城市都具備「十五分鐘城市」首

基隆祖孫館將長者與幼齡孩子放在同一空間內，打造老幼共融的環境。

要發展條件。在城市治理中，若能結合十五分鐘城市的概念，應可更有助因應新時代的高齡、少子化與多項議題。但如何結合，考驗著城市治理者和居民的想像、共識與行動。

從家裡到社會的「照顧公共化」

一座城市要有效回應時代挑戰，首先需更客觀、深入地直視現今具備的條件與限制。

幼兒的成長、長輩的凋零，幾乎是每個家庭都會經歷的共同經驗。人是群體社會，除了照顧好自己，親友也如生命共同體，牽絆著彼此的一生。

過去，身為媽媽或媳婦的女性承擔了大部分的照護責任，然而女性有權擁有自我人生的選擇權，「當女性在家中仍被設定為照顧者，對整體生涯就會有影響。應該讓男性、女性都有成就自我、發展自我、選擇就業的機會，」研究長期照顧政策的國立台北大學社會工作學系副教授王品分析：「把每一個家庭對照顧老人、小孩的需要，拿出來透過公共辦理，就是照顧的公共化。」

照顧公共化在現今台灣凝聚了一定共識，然而政府該逕行發現金補助，還是提供服務給人民，則是目前較缺乏共識之處。

「對政治首長來講，現金可以很快滿足民眾，但根本沒有解

決高齡、少子化的問題。因為家庭人力已經不足，就算提供現金，也沒有人力可以協助照護，」王品提醒，首長必須直視家庭照顧人力不足的現狀，並研擬現金以外的社福政策。

自從政府公設民營的托嬰中心、老人日照中心等社福單位興起後，中生代能夠以合理且足以承擔的費用，將家中長輩或幼兒委由專業人士協助照顧，放心出門工作。照顧公共化有效補足家庭人力缺口，老幼世代皆能得到妥善安置。

但走向公共化，除了政府可以採非營利方式辦理，還能藉由妥善運用城市裡的閒置公共空間，如小學、官方機構等，並於聘雇與人員管理上有一套法律依據，吸引優秀人才進場，保障照顧品質，創造優質的在地工作機會。對於有需求的家庭來說，經過政府補助後，費用公開透明、可負擔，更是減輕不少壓力。

照顧服務公共化，能夠將原本私人機構經營、容易淪為雙輸的局面，轉為多贏。

資源布建好，就沒有理由離開

「台灣這些老幼照顧服務的布建，根本就追趕不及人口需求，尤其是人口密集的城市，」王品認為，公共服務的量仍是遠遠不夠，且願意運用閒置空間的地方首長，仍是相對需要具備

執行的決心與魄力。不過若地方首長願意建置完善的公共服務資源，既是創造就業機會，也是支援家庭功能，將有效吸引更多人遷入，王品說：「反過來說，做不到的地方，人會走掉，並往服務好的地方搬。」

若地方政府沒有把握好公共化服務布建的趨勢，流失的人口將是以家庭為單位，不是舉家遷離，就是年輕的父母帶著孩子搬離，徒留長輩守著家鄉，進一步導致當地人口不均衡、公共服務布建更加困難、生活機能差，嚴重的話甚至還會影響當地治安。

「家鄉有很強的情感歷史淵源，具有先天的吸引力，只要後天把這些資源服務布建好，就沒有理由離開，」王品屢屢強調公共化服務之於一座城市發展或現代社會的重要性。

基隆這幾年，用歷史場景打造創新經濟環境，用各種資源協助提供友善社會服務。配合中央長期照顧計畫，完成 10 個 A 級據點、126 個 B 級據點和 60 個 C 級據點。設置 6 家日間照顧中心及 217 處家庭照顧暖心站，大幅擴展公共照顧的範圍和涵蓋圈。

同村共養：優化在地育兒體驗

在戰後嬰兒潮時期，人口紅利帶來世界經濟發展，各國政

府則以人口規模做為國家體制設計的基礎，以規模經濟來提供人民可負擔的公共社福服務，此一模式對於人口縮減已是不爭事實的現今社會來說，並不適用。

根據美國中央情報局（CIA）2022年生育率預測報告，在全球227個國家地區中，台灣連兩年敬陪末座，生育率僅有1.08。

少子化來自複合式因素，包含年輕一代教育程度提高、遇到婚育價值觀相近者不易、晚婚、高房價、托育嬰政策不夠優化等，都是許多國家致力改善的問題。其中，托育嬰政策是最直接相關的因素。在2011年以前，台灣3歲以下的孩子幾乎要母親自己帶，或靠祖母輩辭職回家帶孫，或送托至私人機構，托育嬰服務尚未公共化。如何在人口紅利社會轉軌人才紅利社會，在社福政策上的挑戰最大。

王品觀察，在媽媽生產後，到可以將孩子送去上幼兒園上幼幼班或小班前的兩、三年是關鍵時間，若沒有合適的托嬰服務，媽媽會傾向自己帶，但同時必須中斷自我職涯。

「一般家庭期待至少生兩個孩子，那是不是媽媽要連續五、六年都脫離職場？這會讓大家變得更害怕生孩子，」王品強調，有研究證明，公共化托育服務有助化解女性在就業與家庭照顧之間的兩難，若能兼顧家庭與工作，將有助提升生育率，「德國就是靠布建公共托育服務，把生育率拉起來。」

女性的勞動參與率數據也顯示更多女性渴望回到職場，2020 年，育有未滿 3 歲子女的女性勞動參與率已增加至近七成五，比二十年前的四成八高了近三成。至於近幾年的雙薪家庭，也占了近六成。

回應日益增加的公共托育需求，目前台灣各地方政府主要採與非營利團隊合作的模式，運用公有閒置空間，興辦托嬰中心與社區托育家園。整頓過的空間既美觀又舒適，民眾對這類合辦模式的信賴度也高，有口皆碑。不過全國現有的一千四百多間托嬰中心，僅有約兩百間是公設民營的托育中心，以及一百多間的社區公共托育家園。

公設單位創立速度仍趕不上社會需求的此刻，多數家庭還是會將孩子送到私立托嬰中心，或是留在家裡自己照顧，因此私立單位照顧品質不佳或照顧者必須中斷職涯的情形，還是會一再發生。

基隆這幾年完成一區一所非營利幼兒園，全市公幼、準公幼、非營利幼兒園及教保服務中心占比達 78.7%。且為擴大托幼服務觸及，也完善一區一親子館的政策目標。

建立完善保母制度

針對公共化服務尚無法快速普及，王品認為，除了興建公

基隆全市的公幼、準公幼、非營利幼兒園及教保服務中心占比高達七成以上,並已完成一區一親子館的政策目標。

設民營的托嬰中心,同步提倡行之有年的保母制度,並優化為公共保母,將會是一條看似傳統但可行的路。

　　保母將自家環境改造為育兒環境,同時帶好幾個小孩,這些小孩可以玩在一起,有助孩子社會化學習。保母全國數量多,距離自家近,孩子留在社區更方便接送,大幅省下家長交通往返的時間,保母的照顧時間也較能配合現代社會的長工

時。「送托保母能讓孩子就近在居家環境中，累積與同儕一起長大的經驗，」王品分析。

保母公共化可省下公共空間的盤點、轉型等費時的前置作業，並更快速補足托嬰需求。不過長期以來，保母制度都是個人經營，十分仰賴經驗，缺乏系統培訓，加上從業者年齡層老化快速，平均都已五、六十歲，需要大幅轉型與新血投入。

若政府介入，重新建立保母培訓與管理系統，並逐步取得社會信賴，可以讓保母加入公共服務一環，與托嬰中心等托育政策多管齊下，發揮更大的效力。

「德國走過跟我們一樣仰賴家庭提供照顧的過程，生育率始終無法提升，解方也是靠建立充足的公共托育設施，」王品強調，台灣不孤單，少子化並非只在台灣發生，國外經驗都可以做為很好的借鏡。

另外，我們還有許多可以做的事，像是城市的公共環境與服務可以比照國外，更加友善育兒，讓保母能帶幾個孩子去公園玩，去運動場運動，去圖書館看兒童劇演出、看看書，這些資源除了讓孩子獲得更多幼兒階段所需的刺激，也更加支撐保母的照顧，與提升在地育兒的便利性。

基隆這幾年開闢並再造大量的公園設施，創造更友善兒童與親子的環境，也讓市民非常有感。

非洲有句諺語：「傾全村之力撫養孩子。」（It takes a

village to raise a child.）養育孩子除了靠父母的力量，也必須讓孩子與環境、鄰里互動，有助提升孩子身心健康。透過保母系統與托嬰中心的廣布，城市育兒環境的優化，由社會提供更強力的育兒後盾，將讓更多家庭放心生育、生活，也才有機會鬆動台灣生育率倒數第一的現況。

在熟悉的家鄉，優雅變老

人口雙重海嘯襲來之際，政府除了積極設想如何鼓勵人民生育，也需考量如何讓老年族群健康與優雅變老，力挽高齡化這股不可抵擋的趨勢。

國發會預估三年後，台灣將正式進入「超高齡社會」，每五位國民就有一位超過65歲以上，而且這個數字還在快速攀升中。

就如保母服務與托嬰中心亟需廣布，政府也快馬加鞭地布建老人日照中心，甚至喊出「一國中學區一日照」的口號，希望能在 2024 年，達成全台 814 個學區皆具備老人日照服務相關資源。

「日照中心」提供給失智症者最重要的照顧資源，讓有行動能力的失智症者在白天可以有個安全、有活動與社交聚會的地方，同時也讓照顧家屬得以有喘息的空檔。衛生福利部與各地方政府加強推動三年以來，日照中心從四百餘家增加至超過

七百家，國中學區的涵蓋率已超過六成。

此外，還有社區照顧關懷據點、C級巷弄長照站與失智據點等，提供初級預防照顧體系，包含共餐、送餐、關懷訪視、健康促進活動等。

在機構建制之外，也培育居家照顧服務員，定期走入民眾家中，協助分擔失智、失能者的照顧。但目前居家服務並不支援衰弱階段的長輩，而是失能後才能得到服務。

然而快速布建據點也出現困難。立法院官網上「議題研析」指出，「因C級巷弄長照站多數由民間單位設立，資源較不充足，不少長輩因距離與交通問題，無法前往據點使用服務。」這也導致使用服務的對象有限。

不僅是已經失能的長輩，政府其實更應該積極觸及正在步向衰弱、但仍勉強有自理能力的廣大年長者。延緩愈多人的老化速度，增加得以健康自理的年歲，能讓長輩與家人都過得比較開心，更可分擔政府肩上愈加沉重的照護壓力，也將會讓整體長照政策更發揮效力。

降低年長者的移動門檻

除了優化據點服務本身，如何降低移動門檻，讓更多的潛在服務對象能順利定期來到據點，藉由據點資源與活動提升健

康資本，以落實政策本意，這將是政府很重要的下一步任務。

目前的銀髮照護服務主要以定點服務為主，長輩若要參與，必須先克服家裡到據點的交通問題。對健康的長者來說，距離自然不成問題，但對已處於亞健康或是漸趨失能的長者來說，雖然能站、能走，但站不久、走不遠，導致連踏出家門都是一項挑戰，何況是平安抵達有一段距離的村里據點。若是位處高低起伏多的地區，移動更增困難。

「政府必須先協助這些長輩一段路，等他的力氣長出來，就可能有能力自己走來據點。但是，若沒有任何協助，那一段就是遙不可及的距離，」王品點出大政策下容易被忽視的小細節。

比起方法，更重要的是執政者能否意識到問題，並願意進一步行動。就像育兒環境，讓公共空間可及性變高、無障礙程度提高，點到點的交通優化，都有助提升長輩出門的意願與可行性。

「老人家真的走得出家門嗎？他怎麼移動，又想去哪些地方呢？有辦法進行一天的活動嗎？」王品拋出一個個提問，除了倡議性的政策，從長者每日的生活細節關照，才能讓政府提供更符合實際所需的銀髮服務。

如果家中長輩仍保有移動的自由度，可以去見朋友，從事喜歡的活動，過喜歡的生活，而不是被體力與環境限制導致足不出戶，或是總要與後輩的行程綁在一起才能出門，「比起帶長

輩出門，不如他回來告訴你，他今天玩了什麼，什麼很開心，這樣不是才更有話題嗎？」王品說。

在醫療技術進步下，人類更為長壽不是問題，但如何健康、優雅地變老，才是關鍵。

長輩可能眼茫茫、髮蒼蒼、行動不便，但要記得他們也曾是年輕過的獨立個體，有自己鍾愛、習慣的生活方式。當各個世代都保有各自生活的自由，既可以讓現在被壓得喘不過氣的三明治世代降低生活重擔，銀髮族群也才更有機會優雅地變老。

莫雷諾認為，人們不應該把時間浪費在交通上，需要徹底改變城市的步調，讓城市更實際符合人們生活所需。

他提出重新思考設計城市的四個原則，與十五分鐘城市的三大特色。四個原則分別是：具生態性、各項資源近用性、團結性、參與度。前兩項分別與環境、空間相關；後兩項則取決於居民的共識與行動。

「應該是由人而不是車子創造出城市韻律感」、「空間的多功能使用」、「蓬勃的在地生活」，則是他心目中十五分鐘

看看現在，我們度過二十一又五分之一個世紀，
人類社會才開始正式探討現代都市的生活環境，
是否真的符合大量的城市居住者所需。

城市的三大特色。

打造更有機、更生活的十五分鐘城市

法國巴黎是世界上首先採納此概念的「十五分鐘城市」。巴黎市長安娜‧伊達戈（Anne Hidalgo）在 2020 年競選連任時，曾主張「城市去中心化」與發展各區嶄新服務，並順利獲得連任。

「建置自行車道，打造自行車友善城市」、「開放校園」、「校園綠化方案」、「在地店鋪再造」等，都是減少城市壅塞程度，並讓在地社區發展嶄新服務，將城市還給居民的行動。

莫雷諾提醒，想讓所居地區變得蓬勃、有活力，需先好好檢視現有的空間功能、使用者，盡可能讓單一空間滿足多功能需求，如學校可以化身為社區中心。

近幾年，新冠病毒蔓延全世界，以社區為單位的十五分鐘城市更被廣為實踐，以控管疫情甚至進而調適氣候，如義大利米蘭、西班牙馬德里、英國愛丁堡、美國西雅圖等城市都參與了相關計畫，結合民眾的社區參與、參與式預算，藉由討論來凝聚共識，為自己客製更理想的城市。

山海圍繞的基隆也參考源自西方的十五分鐘城市概念，打造基隆版本。

全基隆市目前公幼、準公幼、非營利幼兒園的占比已經達到七成，其中 100% 課後留園制度更是全國唯一的政策，幼兒園下課後增加短時間托育，讓家長不用趕著提前下班接孩子。

在長照服務據點部分，根據中央「一國中學區一日間照顧中心」的政策，目前基隆七個行政區已有八處日照服務單位，布建率過半，且連年成長。並首創長照送餐車隊，更具機動性地觸及各鄰里居民與潛在需求者，以提升服務涵蓋率。

除了優化托老與托幼的公共服務，基隆也設計讓居民能在十五分鐘路程內順利抵達公幼、長照服務據點，節省寶貴的通勤時間，落實社區照顧。

依各區域需要規劃公共服務

目前台灣這類公共服務主要依據各區域總人口數而定。王品提醒，除了人口，也需要檢視細項的年齡分布，如基隆市仁愛區，65 歲以上的高齡人口占近 19%，其中女性比例更高，大約每四位女性就有一位是高齡女性。除了這類總人口多、高齡者也多的區域，有的區域則是總人口不多但高齡人口多，因此高齡服務格外重要。

「它也不能只是地理上用數學的除法，還是要了解空間環境、道路怎麼分布，以及大家的生活圈各是何種型態，像是如

何採買、活動,」王品表示,空間配置要更細緻,並依照各地區所需去探討。像是日本區公所發給市民的手冊上,公共服務設施會標注在地圖上,市民可以直觀地清楚看出每一學區的服務資源分布。

不過王品提醒,在地托老、托幼服務與就業機會仍要一起構想,不能偏廢,要更全面、完善的規劃,才有機會留住更多家庭,讓多世代一起在地生活,「如此一來,整個地方也會變得更生機勃勃。」

「基隆是很有魅力又有歷史的城市,尤其對老一輩而言,基隆的風華更是無與倫比。如果建置更加完善的公共服務,並解決交通問題,將有機會吸引新人力進駐,也有利未來觀光發展,」王品期許。

試著想像一個畫面:時髦爸爸一手推著嬰兒車,一手拿著咖啡在路上散步,多麼愜意。王品認為:「娃娃車與輪椅可否輕易通行,是檢視一座城市友不友善、體不體貼居住者的重要指標,像北歐,滿街都可以看到這種畫面,如果基隆也能解決這類問題,那麼基隆將不只是基隆人的基隆,而會是台灣人的基隆。」

基隆這幾年來推動「以校園為核心的社區改造計畫」,就是奠基於這種理念的具體實踐。

基隆市政府利用環境景觀設計諮詢平台,由市長整合各局處資源,以成功國小為核心的周遭環境改造為例,第一階段結

成功國小以校園為核心的改造，營造出友善適合步行的社區空間與公共服務。

合產業發展處及區公所，將周遭的攤商遷置適當地區，都市發展處則向營建署爭取預算，打開學校圍牆，並把原本高速公路橋下聚集的垃圾車與資源回收等髒亂環境，改造成青年和年長者的運動空間，藉由橋下空間串聯國民運動中心至區公所。

　　第二階段則藉由校舍改建計畫，由教育處向教育部爭取預算，拆除成功國小的舊禮堂，將禮堂大門改為向外設計，成為

社區共享設施，未來將同時身兼社區的多功能音樂表演場地。

基隆以校園為核心，營造出人本步行且友善的社區環境，做為厚植公共服務創新的宜居城市的基礎。

十五分鐘城市與社福的交會

德國近年同樣面臨高齡、少子的雙重考驗，但公共服務不多，因此也要盡快布建。有鑑於部分地區總人口不夠多，無法發展提供單一服務的據點，必須興辦不同世代都可以共用的空間，如此限制卻也激發出不同世代與族群相融的火花。

德國政府在幼兒園附近辦理長者據點中心，中午由幼兒園廚房協助供餐給長者，讓長者一起共餐，並同步舉辦像是二手寄賣活動。國中、小學放學時，學生來據點寫作業、聊天，家長則可以同步當學校與長者據點的志工。

這樣的多世代屋同時也是技能交換中心，如長輩教語言不通的新移民德語、新移民則教長輩如何用手機；連各國最難召喚的男性長輩，德國都有辦法讓一群職人爺爺來幫忙新移民維修腳踏車。當地居民甚至還成立志工團，提供長輩家庭換燈泡等簡易的水電維修服務，減少老人家爬高爬低而跌倒、骨折的風險。

王品分享赴德國參訪的經驗，親眼見證人們因多世代屋激盪出珍貴火花，「他們一直在想怎麼讓社會融合，讓不同世代、

不同族群可以相遇，要達到這個目標，首先要有個能遇見彼此的空間。」這也是基隆近幾年努力的方向。

本來德國只有幾個區域在做多世代屋，後來當該地區首長升到家庭部部長，便開始於全國推動此項計畫。

另外，不論北歐國家或日本，都強調公共服務在地化，像是步行或坐公車就可以到長者或幼兒的照顧設施，用完善的服務留住人口，而非一再流失。王品分享的社福理念，其實都可以從都市計畫出發，與莫雷諾提倡的十五分鐘城市相結合。「十五分鐘

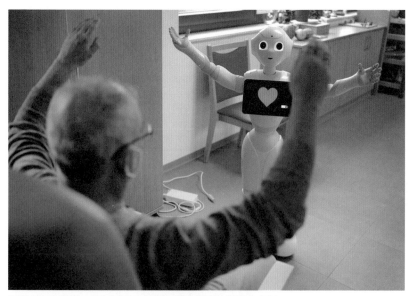

因應老年化趨勢，將科技導入長照機構或醫療院所勢在必行。

城市要去調和城市與住在其中的市民，」莫雷諾曾這麼說。

「我們現在對於城市建設的想像，就是要構想一生的需求，每一種工作都要有人擔任，並經過規劃，整體社會才會變得比較有機，」王品分享願景並務實地提醒速度要加快，「如果城市在乎的是所有人民的安居樂業，能夠就近在社區裡得到需要的公共服務，那服務的普及度便要盡快落實。」社福領域與都市計畫交會，或許因為兩者都是從城市使用者——人的需求出發。

對此，徐燕興也分享基隆的經驗，基隆市政府於 2021 年完成學校用地都市計畫的通盤檢討工作，在老年化及少子化影響下，目前學校的設置地點，幾乎都分布在居民步行二十分鐘即可抵達的地方，而經過都市計畫通盤檢討，學校也可以是幼兒園、托兒所、長照機構、新創及文創設施，做為打造十五分鐘城市的第一步工作。

改變，從參與開始

莫雷諾的十五分鐘城市裡另有兩項主張：團結性——創造人們的連結；參與度——在社區改造上必須有積極參與的市民。

「日本和德國在推廣這些公共服務時，是以全社區規模來討論，但這類公共參與則是台灣比較缺乏的文化，」王品分析台灣跟國外在討論公共事務的根本差異，台灣因為選舉制度，會讓

首長急於「做事」，而忽略前置與市民的溝通；一體兩面，台灣的人民也疏於討論、形成共識，認為「反正政治人物已經答應會做」。

至於國外首長，看起來好像都沒做事，前置工作的純討論甚至耗時兩、三年之久，但最終仍會慢慢達成共識，一旦形成共識，執行就很省事。而台灣正好相反，前面缺乏討論，等到做決定、要執行時意見才多起來，導致難以成事。

「我們向來覺得交給專家或交給政府，議題就會解決，可是政府不見得知道怎麼做。當政府真的提出方法，人民也不一定滿意，可是方法已經定了，也沒有退路，接下來如果有什麼批評都很尷尬，到底是誰錯？」王品分享缺乏參與式民主的台灣在討論公共政策上面臨的困境，也因為長期缺乏共識與想像，阻礙著城市、國家往更理想的樣貌發展。

徐燕興補充，在成功國小校園和社區改造計畫啟動之前，基隆市政府第一步就先舉辦願景工作坊，邀請學校師生及社區居民參與，「因為我們相信，改變從參與開始，」徐燕興說。

留學德國的國立高雄大學建築學系教授曾梓峰，將德國經驗帶回屏東嘗試。像是公共保母的培訓與管理制度，其實也可以由家庭使用者、服務提供者、政府、民間團體多方討論，提出既合理又有利多方的方式，才能更照顧人民。

不同區域具有不同類型的挑戰，相較於鄉村地區，都市型

的社區感更不易成形。基隆身為早期開發的城市，快速都市化加上開發腹地不足，高密度的正式與非正式聚落散布於山城與河谷間。另外，隨著全球經濟再結構與首都圈發展，基隆年輕人流向首都圈，在地人口老化、社會階層固化，都加速城市的空洞化。如何在既有框架下，兼顧不同尺度、不同世代的需求，是極大的挑戰。

重啟社區規劃師計畫，培力社區

儘管中央政府推動「社區規劃師計畫」，但常難以顧及或忽視社區需求，且社區感的培力，帶來的效果有限。

有鑑於此，基隆市自 2014 年起，在規劃背景的市長林右昌與都市發展處處長徐燕興帶領之下，重啟社區規劃師計畫，並與具公共性格的社區意見領袖合作，期望改善社區環境、培力社區，並奠基未來城市再生的基礎。

加上如今在反全球化運動的大時代氛圍之下，年輕世代普遍比上一世代關心地方與永續議題。基隆市府觀察到此現象，也與社會部門合作，協助改善社區照護中心的環境，並開放特殊議題的社群與年輕人合作，試圖以社區構築，回應全球化對都市帶來的負面影響。

基隆市府引入社區構築工作坊（木構工作坊、竹構工作

基隆市政府重啟社區規劃師計畫,並與具公共性格的社區意見領袖合作,奠基未來城市再生的基礎。

坊、空間模型製作),深化地方紋理,希冀做為以市民為主體的地方構築,將社區中具構築技術的專業人士,如木工、水泥工、鐵工等,組成社區規劃營造團隊,主動協助更弱勢群體進行空間品質改善,也成功吸引健康長者找到成就感。

至於現代化的營造法制導致營造制度成本高、限制多元營造的可能,基隆市政府則調整地方建築法令,准許社區規劃的構築得以取得合法執造,跳脫專業的限制。

2015 年至今,基隆市社區規劃師計畫共累積 112 個社區

空間改造點，包含校園空間改造、地區公園改善與兒童遊具構築、大型公寓大廈社區改造、藝術介入空間引動弱勢社區新動能、社區福利工作站的社會設計改造等。

以安樂國小為例，是社區最大的公有土地，三年前媒合學生與社區工班，共同合作改善校園空間，目前更進一步討論如何優化周邊地區。

除了校園改善計畫，市政府也推動包含新移民在內的「暖暖 II 藍」社區歷史藝術裝置計畫。更集結當地社區規劃師與專業工作者，提出地區發展與管制計畫，希冀落實社區空間民主的理想。

而坐落於基隆西岸山稜線上的和平社區，是台灣早期的軍事要塞，也是築港時期港務機構與築港工人的社區，但隨著港口現代化，社區人口漸趨老化。當地社區發展協會透過社區故事地圖，與社區共同改善公車亭，補強社區與長輩的對外聯絡管道，同時更培力導覽當地文化歷史的社區志工。

比起過往造橋鋪路等基礎硬體建設，現代社會地方治理者被賦予更多任務、面臨更多全新挑戰，如少子化及高齡化等人口問題、環境問題，如何接招且相互凝聚共識，結合以人為本的十五分鐘城市概念，重新設計城市，並引入社區規劃師，補足現代都市失落已久的社區感，或許將能打造出政府與人民都有共識、需要且適合的城市。

擁有適合生養與教育的環境，能讓人才願意移入並安心居住。

未來城市備忘錄

串連人、社會
及土地改革的都市空間

一座城市要進步，重點在人。
然而如何吸引人移住城市，
理想的空間營造是重要關鍵。
小至居住空間，大至生活街區、整座城市，
都攸關眾人是否繼續留在當地生活的意願。

    在提出如何為現代人打造需要的理想空間之前，得先檢視目前城市居民普遍遇到的空間狀況。

    環境層面的「城市房屋老舊」、「閒置房舍多」、「市容不佳」，以及個人層面的「房價過高」、「居住品質不佳」、「租屋族無保障」等，這些都是一拋出就會引起現代社會共鳴的關鍵字。

    房子一天天老化，眾人寄望於都市更新，期待自家房子一舉重建，脫離危老建物一族，或是所居區域能被劃為重劃區，

房價就能與地價一同水漲船高。

　　都更可分為公辦都更、自辦都更、民辦都更，而台灣長年以來的都市更新大幅仰賴民間房地產市場。政府以優惠的容積獎勵鼓勵建商出資推動建案，建商為了利潤，往往著力於產權單純和房價高漲地區，真正老舊和機能不足的地區，反而無法進行都市更新。老百姓期望政府採取行動改變現狀，政府卻力有未逮，推動都市更新的速度遠慢於都市衰敗的速度。

　　這肇因於常年累月的土地分配與稅制問題，如台灣的不動產私有產權高，以及早年的房屋稅、地價稅等稅制設計問題。在種種盤根錯節的先天限制下，政府能做的革新十分有限。

卡關的都更

　　過去，在土地尚未如現在般滿載房屋時，是最該實施都市土地改革的時機，但當時主要官員是小資地主，自然不會有人想提土地改革、自減肥水，台灣也因此錯失了理想的土地改革時機。

　　要重劃一個符合現代所需的城市空間，得先取得土地才能進一步規劃。然而現今都市土地已高度利用，且多屬私人產權，現代社會又重視個人財產權，想找空地談何容易。都市更新往往在這一關就卡住了，更遑論推動可持續的都市計畫、都

市設計，甚至都市美學。

「上一輩擁有的土地就該由下一代繼承嗎？」將這個提問放於現今，大部分人還是會肯定地回答：「當然應該由下一代繼承。」或許在不遠的未來，這個提問會有不同答案，那也將是土地私有權觀念鬆動的開始。

許多西方國家之所以有比台灣更理想的住宅品質，在於曾經成功實施土地改革，讓更多土地回到公共，政府也才能興建公園、社福中心、體育場、社會住宅等更多元的公共建設。

長遠來看，台灣若想更加全面地推動都市更新，不能靠著現今常用的單點式更新，都市土地必須要重新分配才能跳脫現狀，另外，稅制、繼承制度等也得重新倡議，一步步優化。至於如何才能找到屬於台灣的在地方案，則需要更多倡議、細緻的各方溝通。

除了都更重建，我們還可以做些什麼？

在更全面的都更重建案得以順利推展之前，我們只能束手無策嗎？自然不是。

整建維護與都市再生，或許是可以思考的方向。

房子並非老舊就得拆除，其實需視個別屋況而定，外表老舊但實質老當益壯的房子不在少數，或許保養、修繕一番即可

再現風華，也就是所謂的整建維護，如近年流行的外牆拉皮。

　　整建維護的費用沒有重建那麼高，又可有效延續舊建築的生命，且在短期內得以擴及更多建築，為老建築改頭換面。建築擁有了新生命力，自然能夠發揮更多原本的價值。

　　其實，都市更新最重要公共性是都市風華再現和永續發展，也就是都市再生（Urban Regeneration）的概念，強調延續都市紋理、舊建築的利用，著重在引入軟體資源，保留更多地方性元素，讓城市再生才是都市更新的核心意義。

集眾人之力，活化城市空間

　　若當地房價低迷、居民意願不高的情形下，由民間發起都更的誘因有限，通常只能仰賴公部門的推動同時引進資源。然而，在預算及員額本就捉襟見肘的縣市，觸發民間都更如同看得到但吃不到的大餅。

　　「我們只要多編一筆補貼，就會排擠到其他預算，」基隆市政府都發處處長徐燕興說，受限的經費是最實際的挑戰，「基隆的處境如同『巧婦難為無米之炊』，但也因為資源有限，反而激發無窮創意。」

　　2015 年，基隆市政府與淡江大學建築系師生，在沒有預算下，利用暑假聯手改造閒置已久的舊警察宿舍，稱為「86 設計

公寓」，成為串聯周邊社區空間的基地，舉辦各式活動，如基隆第一個 Maker 工作坊、環保循環利用市集，皆在此舉辦。

2020 年，基隆市政府提出水岸生活願景，以 86 設計公寓做為田寮河岸廊帶再生據點，開放五處單元空間做為創意進駐計畫，有獨立書店、藝術家等夥伴進駐。

另外，不敵少子化與人口外移浪潮，位於太平山城的太平國小在 2017 年停止辦學，但基隆市政府的回應非常創新，他們在太平國小成立「基隆市公辦都市更新專案辦公室」和「設計與建築者之家」，藉由工作坊、展覽、評圖等活動，創造推進山城生命力的行動基礎。

期間，市府也發起與社區合作的山海工作營，用藝術活動牽起都市空間、人才和社區，美學共識漸漸成形，吸引青鳥書店進駐，原本乏人問津的廢棄國小，變身成為許多人期待造訪的地方。

由閒置舊警察二分局所成立的東岸快樂實驗室，以及「老屋新力環境改造計畫」、「私有老建築保存再生計畫」，都是

基隆市近年的空間活化基地，
如 86 設計公寓、太平國小，外界評價高，
成功為台灣空間活化再創典範。

空間活化的成功案例。挖掘城市中塵封已久的幢幢老屋，礦業家林開郡興建的林開郡洋樓也是其一。

這幾年頗負盛名的正濱漁港，是台灣第一個遠洋漁業漁港，因時代因素走向沒落。

為了揮別過往陰暗的城市意象，基隆市政府從環境心理學的角度切入，找來色彩專家、建築師、景觀規劃師與居民等，一同認識漁港、想像漁港的未來，讓專家與居民凝聚共識。

「海港城市色彩工作坊」、「城市色彩示範計畫—正濱漁港地區」成就今日打卡景點正濱色彩屋，和市民共創的經驗景觀逐漸受到市民認同，基隆市政府也經議會通過，於 2022 年 2 月 25 日發布《基隆市國門廣場周邊地區景觀自治條例》。

這些基地與計畫存在幾處共通點，86 設計公寓與太平國小成功吸引有想法與執行力的優秀人才進駐，也重新活化空間，譜出空間與人的新故事，也吸引更多人前來一探究竟。

自辦都更，吸引年輕人回流

另外，基隆市政府也擅長與民間單位合作，相互協力。除了 86 設計公寓和太平國小展開雙臂歡迎人才，私有老建築保存再生計畫更是鼓勵私人建築透過公部門資源，在公部門陪伴、協力與溝通下，自發性地發起老屋修復、教育推廣與文化經

營，讓建築不再只是供少部分人緬懷的地方，有更多被利用的可能。

這些原本因為個人或時代因素近乎荒廢的空間，在重新注入活力後，再次變得有機，不只是單點獨立運作，而是由一個個點交織成一個面，形塑基隆的新時代樣貌。

「本來平常不爬山的城市人，為了去太平山城都願意爬山，

太平山城以社區住宅型態存在，地勢陡峭、巷弄蜿蜒，近年來透過地方創生的擾動，逐漸展現出獨樹一格的風貌。

這不容易，」徐燕興說，「儘管都市再生這條路具有重重限制，我們仍擁抱了限制。」

「基隆因為對外通勤比例高，以前被稱為臥房城市，」OURs 專業者都市改革組織祕書長彭揚凱說，但近年包含太平山城在內的幾個空間都做了有趣活化的示範，像是自辦都更，活化成本降低，又吸引年輕人回來生活。

協助地方長出自己的樣子

比起過往政府補助經費流於計畫案的形式，受補助方幾個月向市政府彙報一次即可，基隆市政府選擇將有限經費補助不同團隊經營空間，用陪伴的方式協助每項工作，等待團隊發芽、茁壯，長出屬於自己的樣子。

「我們藉由長期的陪伴過程，發現這些團隊需要什麼資源再協助他們滾動，而不是設計一個想像的架構塞給他們，或是一直要求團隊去上課，課後才能拿到資源，」徐燕興分享經驗，「我們陪伴，也跟他們交朋友、獲得回饋，而我們會根據回饋再調整，這其實就是種社造精神。」

客觀來說，除卻經費，空間活化實質上並不難，近年許多縣市也催生出許多老空間改造案，主要是以外表的回春，短暫吸引大量觀光客，或變身成以營利為主的一個個商業空間。

但空間若能由內到外有機地活化，成功與空間內外的人連結，就屬格外有挑戰之處。

「我們一直在經營關係化網絡，很刻意地與地方產生關係，」徐燕興表示，「滾動更多的人來參與這項公共政策，參與公共政策的這些人又自動長出其他民間的人，不會像過去政府要一直投資新的經費，才會有產出。」

讓人與都市共生共息

經營社群、社區關係，最怕沒有經費或沒有參與者，基隆選擇了一個短期內無法速見成效的方式，但優點是能讓慢慢醞釀的空間底蘊更加扎實，既不需要可觀經費，又可以捲動更多人參與。

這些人孵化空間，空間也反過來培育他們，參與者從事不同的行動，如行動觀光、做藝術導入、開獨立書店等，甚至成立動能更大的非政府組織（NGO）。

「這幾個行動加在一起所培育的人才，不就是未來新經濟需要的人才？」徐燕興樂觀地看待空間與人碰撞出的豐富化學變化，認為這是翻轉過往上對下的城市治理，朝向全民攜手改造與治理基隆的重要一步。

「這類青年創生基地如同高度自治的住戶委員會，藉由多空

間潛力吸引其他年輕人，產生青年創意群聚效應，又可捲動鄰里關係，發酵很多可能性，」彭揚凱觀察，基隆市政府將空間活化與青年政策做了很好的結合，如同為空間找到有創意的人，也無形省下了管理成本。

除了找到合適的人，如何找到合適的閒置空間也十分關鍵。亞洲國家不同於歐洲，占屋運動在歐洲風行，主張某建物

基隆市中心巷弄間有許多老屋，過去曾經是委託行，如今逐步改建，成為具有懷舊氛圍的街道，吸引年輕人造訪。

太平青鳥書店前身為太平國小，位於基隆港口旁的半山腰上，建築師利用打開的手法，營造空間流動感。

一年內沒有使用水電的紀錄，外人就可以合法占屋，取得空間使用權，因此歐洲的建築物使用態度和台灣非常不同。台灣的閒置建物並非想用就能即刻使用，需要取得所屬單位的同意，像基隆許多閒置建物都屬於中央機關，非市政府管轄，取得同意的過程往往就非常耗費時間與心力，另外也要考量承租成本能否負擔。

「承租閒置空間也是卡在土地所有權的問題，在土地未全面改革前，我們只能選擇非該單位金雞母的地去承租，但考量

經費，能承租的數量也很有限，」徐燕興坦言，「如果中央政府願意編列預算，補貼有意願使用空間的人，或許將是土地改革前，得以活化更多台灣各城市閒置空間的做法。」彭揚凱也認為，中央政府可多推動實驗性計畫，高度活化散布於各城市的閒置空間，而不是像過去常以販賣做為主要活化手段。

基隆做為資源不多的省轄市，執政者必須不被原有的政策工具局限，要用更宏觀的角度來思考基隆的未來方向，以及如何培育這座城市的競爭力，藉此孵育屬於這座城市的空間，吸引對這座城市有願景的人進駐、扎根，讓老空間及新的城市住民都能更加長久地與這座城市共生共息。

基隆在現今的行政區劃、財政區劃和土地觀的影響下，硬體更新比台北困難百倍，鄰近台北市及新北市的基隆，藉由治理策略，走出不一樣的都市更新之路。曾經在台北從事都市更新工作多年的宋豐荃有感地說：「基隆像重新開機一樣，城市恢復活力，都市已經朝更新的路上前進。」

打造宜居城市：理想的城市居所

除了前述的地方創生孵化空間，居住空間更是每個人的生存必需，也更加有感。

全球都市化比例愈來愈高，各都市也都面臨高房價議題，

尤其有土斯有財觀念濃厚的台灣，住房長期供需失衡下，台灣房價高得咋舌。由內政部發布的 2022 年第一季全國房價負擔能力指標，台北市房價所得比為 16.22 倍，相當於不吃不喝 16.22 年才能買到一棟房子。

儘管房價所得比高，許多人仍拚了命工作賺錢，就為了換得一個「家」，也有許多人不再傾盡畢生積蓄買房，退而求其次改成租屋，不過仍是花上每月所得三分之一以上（注：國際間倡議居住成本應占每月薪水三分之一以下），卻住不起一個理想的居所。

這是因為台灣租屋市場不夠透明、租屋糾紛多，造成將人從租屋市場推向買房市場。當房產供需更加不平衡，房價自然高居不下。此外，台灣持有房屋稅過低，讓人得以靠炒地皮致富，形成許多人名下有多筆房地產，卻有更多人住不到理想空間的怪象，因此現行稅制也是長期被居住倡議團體詬病之處。

身為大台北生活圈的基隆，同樣無法脫離高房價的魔咒，且因港口城市背景，發展主義格外濃厚，愈會把房子當作賺錢工具。另外，因基隆多山坡地、全年多雨的地理環境與氣候，加上房屋多為早期興建，普遍老舊，容易漏水、潮濕，更讓居住品質不佳。缺乏房價漲幅的誘因下，屋主都更意願低，加上基隆市財政預算有限，也無法大量推動整建維護。

包租代管、租屋補貼與社會住宅，是現今政府試圖回應居

住問題而提出的對策。不過為何台灣住宅發展成現今的樣貌？回顧住宅發展歷程，我們可以鑑往知來，同時也會更清楚該往哪裡去。

建國以來備受忽視的住宅空間

對比西方城市主義與相應而生的住宅發展了數百年之久，中國對城市做為生活風格的概念發展得很晚，遲至 20 世紀中

台大城鄉所師生在 86 設計公寓舉辦多元住宅想像工作坊。

末，不同城市才出現各自的風格。

在日治時期 1920 年代左右，日本想在台灣創造不同的城市風格，因此台灣比中國更早邁向城市風格化。然而台灣住宅仍不具有城市主義的理解和內涵，只注重「量」和「價格」。

我國《住宅法》早在 20 世紀初就曾提出，卻遲至 2011 年才通過，歐洲國家都是在 19 世紀末、20 世紀初就碰到城市居住問題，也早在那時就孕育出住宅法，比台灣先行百年以上；同是亞洲國家的日本，也比台灣早了六、七十年。

另外，日治時期，城市由於大量進入的移民，或以宗教信仰、以家鄉關係為主要網絡，形成非正式的營造與住宅的團體，類合作社形式在城市內營造住宅。

合作社的協作與財務模式，由成員以每月勞力所得，共同興建住宅，住宅由成員組成的委員會管理與維護，或由寺廟、營造體系興建住宅與管理維護，並出租給信徒與弱勢族群。

這與 19 世紀末的歐洲城市，營造業者、教會、社會組織分別成立住宅合作社，提供出租社會住宅的歷史背景相似。後由於土地與資金來源困難，城市住宅需求量又大，20 世紀前後歐洲國家分別法制化，通過《住宅法》，提供住宅合作社合法的角色，對於土地的取得、稅制與補貼，提出較完整的法制。

反觀同時期的台灣各城市，亦有類似的社會組織，但日本殖民政府在執政中期，為了賺取土地開發的利益，建物營建從

政府、社會提供住宅，開始轉為鼓勵以市場主導的住宅政策，至今深深困住台灣住宅問題。

真正的社會住宅：住宅合作社

國民政府來台，孫中山民本思想的內涵以住宅合作社為核心概念，認為各種類型的合作社組織，是實行地方自治的重要基礎。1948 年 10 月 5 日公布《台灣省住宅公用合作推進辦法》，1956 年 10 月 11 日修正、1970 年 7 月 15 日廢止。接續於 1969 年 12 月 3 日公布《住宅公用合作推進辦法》，施行至1982 年 12 月 6 日為止。

《住宅公用合作推進辦法》規定，合作社成員以中低收入建屋自住者為主；允許合作社興建之住宅出售或出租。然而，在都市土地改革失敗下，市中心的土地多在私人手裡，國家沒有訂定相關法規提供土地給住宅合作社，國宅政策也沒有納入住宅合作社的觀念，使住宅合作社難以獲取土地。

另一方面，同時期的住宅政策多關注於違建處理，縣市首長大都以發展意識執政。多年來，以發展型治理，將住宅認為是經濟建設的一部分，更是一種儲蓄的手段，將人民編入不動產發展的體制下，住宅合作社這真正的社會住宅幾乎消失了。

住宅合作社在快速增長的房價趨勢下，沒有土地、又不易

收到社員，僅能出售合作社所擁有的住宅。這也與發展型治理術下的房產意識轉變有關，逐漸將房產私有化，賺取利益。因此，住宅合作社失去正當性，也爭取不到社會支持，紛紛停止運作。台灣內生的社會住宅體系因此消失，此後社會住宅只是政府主導的公共住宅。

社會住宅，為「社會」提供的住宅

社會住宅之所以稱為社會住宅，應該要包含社會參與、由社會經營，才能真正成為「社會」提供的住宅，不然就將只是租金較市場行情便宜的出租住宅。

譬如香港，沿用英國系統做社會住宅，社工進駐到住宅裡，讓「住」成為更緊密的社會安全網，但台灣的社會住宅卻與社福體系相對脫鉤，在現有的部門分工下，社福部門認為社會住宅是住宅部門的社會事，不認為是社福部門的住宅事，社福部門涵蓋面向很廣，包含食衣行育樂，卻不含「住」。

負責以國家力量興建社會住宅的國家住宅及都市更新中心（以下簡稱住都中心）隸屬於內政部，而非像許多國家設有專責住宅政策的住宅部門。此外，住都中心蓋社會住宅與社福部門分屬兩部，與社福計畫的結合有限。因此，儘管政府提供了建築硬體給無殼蝸牛居住，但社會住宅能發揮的社會功能相對

基隆第一信用合作社興建的合作住宅，曾經扮演基隆社會住宅的重要角色。

是辛苦。

　　為了提升社會住宅的社會性，基隆在住宅政策推動初期，就具前瞻思維地跟社會處攜手合作，「社會處絕對比都發處更清楚誰是弱勢，能優先將資源給予最弱勢的人，」徐燕興說明。

　　另外，從「住」主動觸及弱勢民眾，也能讓政府關注到弱勢居民的其他生活需求，徐燕興說：「我們曾經注意到弱勢民眾家附近的行走空間不友善，便幫忙聯絡建管單位，為他們設立無障礙坡道。」當政府部門之間的橫向聯繫順暢，如同發揮一加

一大於二的成效，也能讓民眾享有跨局處的資源。

基隆市政府看重住宅的重要性，也能從設定的弱勢比例戶數得知。一般地方政府都是依照中央規定，制定包租代管、租金補貼等住宅政策惠及的戶數，而基隆市政府設定的弱勢比例，像是包租代管就占了 25%，是全國最高；租金補貼若中央政府預算不足，基隆市政府會再額外增加經費，「基隆更自發性地以弱勢為優先，另外都發處也結合更了解弱勢民眾的社會處，推動住宅政策，」長期推動居住權倡議的彭揚凱肯定地說。

讓更多人享有住得起的未來

住宅是人人所需，在資本主義社會運作下，卻變成投資標的。以前，台灣的學校會興建宿舍給需要的教師住，但後來卻慢慢演變成提供補貼，鼓勵教師去置產。

每座城市都需要住宅，居住權更是每個人都應該享有，但目前買房、租房是大家各憑本事，最理想的狀態應該是由社會的集體力量或社會賢達籌資興建，提供給每個需要的人。

「日治時代，社會賢達會蓋住宅給人住，因為看到社會上艱苦人口多，而不只是為了賺錢，過去味全、遠東等工廠也都有類工業住宅的員工宿舍。現今社會，我們有社會賢達來做文創空間，投入社會福利、永續環保，但沒有社會賢達來蓋社會

台灣的社會住宅曾經以私部門為供應主體，早期的加工出口區的宿舍、企業提供的住宅，都是社會住宅的一種。

住宅，」徐燕興感慨地表示，「台灣社會住宅史至少七十年以上，只是一次次被抹去，也因為當時不具備政治、社會、歷史土壤，社會住宅就消失了。」

日治時期，政府曾補助住宅合作社、住宅協會興建社會住宅，但戰後這一切也改變了。

在包租代管、租屋補貼、社會住宅等住宅政策相繼出來時，若政府能持續改善稅制、移轉制度等陳年法令，同時有更多人關注與重視，將會讓更多人享有住得起的未來。在城市工作的人，

毋須每到下班或休假時就得奔赴郊區的家，或因為城市居住成本高昂，只能委屈自己住在便宜且品質不佳的居住環境裡。

當人得以享有安心理想的城市居住生活時，才能讓根扎得更深，在這座城市完成更多目標，並與這座城市有更深的連結與火花。扎根深的人愈多，城市會變得更有活力，在全球化的時代挑戰下，城市也才會更具競爭力。

第三種住宅：基隆原生的住宅合作社

二戰後，歐洲國家政府把土地賣或租給住宅合作社、協會，成為後來的社會住宅。在台灣，日治時代末期，曾經成立住宅公團，戰後因當政者不重視就解散了。基隆有三個類似的民間社會機構：博愛團、基隆第一信用合作社（以下簡稱一信）、基隆第二信用合作社（以下簡稱二信），根據資料顯示，博愛團跟一信當時都興建過社會住宅。

過去，地政與都市計畫領域及學術機構，對社會住宅較不重視且缺少研究，但這些人卻是住宅政策規則訂定及執行者，自然會影響政府對待這些社會住宅的看法。

戰後的台灣，政府既不鼓勵蓋社會住宅，也不設立與住宅合作社相似的住宅公團，同時都市又未成功推動土地改革，為政策建言的學者更不具備這樣的觀念，台灣具社會性的住宅推

動困難重重。

OURs 專業者都市改革組織近年大力推廣合作住宅，主張擁有共同理念、志趣、宗教，或相同階段生活目標（如小孩就學）的人，可合力購地、興建共住的住宅，並共同經營居住生活。除了跳脫過往大多只能跟建商買房的選擇，也善用了民間量能，得以打造客製化、更符合自身需求的居住空間。

在基隆，有幾個高中同學在步入中年後，一起在重劃區買了塊地、興建房子，帶著各自伴侶入住，共同組成關係緊密的大家庭，更經營「伍個人」品牌，開發販售商品、舉辦跳蚤市場，既是合作住宅的精神，更實踐了多元居住的想像。

在居住權愈來愈被重視的時代氛圍下，除了合作住宅，一信成立近百年的住宅合作社經驗也被重新提出討論。當年包含基隆在內的各大城市快速城鎮化，住宅環境差，住宅合作社應運而生，負責蓋住宅出租給需要的人，也幫助了城市建設。

合作社社員只要定期繳租金，就可以住進合作社興建的房子，每到三節，合作社還會配發獎金給社員。

目前一信仍在經營管理，基隆市信義區仍有三、四處是它們的據點，基隆市政府希望合作，運用一信的寶貴經驗妥善經營居住空間，並招募新社員，讓閒置空間可以出租給需要的人。

「合作社管的房子，勢必跟政府或物業管理的很不相同，」徐燕興期望一信經驗能再發揮社會影響力。社會團體興建的房

子將更具社會功能，除了可以供居住者居住，也能產生其他對居住者的幫助。

當住宅合作社再次興起時，或許能起到拋磚引玉之效，吸引其他企業投入住宅興建，協力更多人以互助方式蓋住宅。

彭揚凱對住宅合作社也抱以期望，認為不論是公有土地或房子，都可嘗試與合作社合作，如以修代租，借重合作社運作近百年來累積的珍貴經驗與資源，推動不一樣的居住模式。

現今台灣的住宅市場多仰賴建商，但若合作住宅或住宅合作社興起，鼓勵更多人以集體募資力量，扮演自家房子的建商或參與投資的合作社社員，再搭配政府提供適時的輔助或補助，勢必能讓居住選擇多元化，也能為台灣的居住臉譜帶來更多可能，更有機會鬆動高房價這堵高牆。

善用空間工具把人串連起來

基隆市市長林右昌執政的八年，率領市府團隊，利用基隆

基隆在都市規劃、空間的經驗，
以及如何因應面臨到的種種挑戰，
也有機會做為台灣其他縣市的參照。

基隆市政府都市發展處處長徐燕興（右三）與策展人林書豪（右一），共同開箱城市參與製造所，見證共創基隆成果。

獨特的地理環境，將基隆定位為具港、城、丘特色的城市，並做出許多改造，重新賦予基隆嶄新樣貌，令在地基隆人與外地人都眼睛為之一亮；2022 年年中落幕的城市博覽會，也讓各界讚許。

彭揚凱稱許說，「地方政府工具比六都少了許多，而身為省轄市的基隆能在這兩任把量能做到頂，很不簡單，也非常有效率。」

回顧這八年，徐燕興也說，「我們第一波像在做動脈的處

理，還沒辦法處理靜脈瘤。」

儘管基隆市政府在都市規劃與空間方面有許多亮眼成績，徐燕興仍強調，「空間只是工具，而一座城市要進步，重點在人與人所組成的社會型態，都發處做的事就是善用空間工具，把人串聯起來，讓空間發揮力量，才得以重新建構符合時代的社會網絡。」

台灣身為海島國家，面積僅約三萬六千平方公里，還有兩百多座海拔超過三千公尺的高山，可利用平地有限，卻有兩千三百萬人口。隨著都市化發展，人口愈來愈高度集中。

但近年的少子化浪潮下，台灣總人口數將愈來愈少，國家發展委員會統計，到 2070 年，人口數僅是現今六、七成。所以，二十年或五十、一百年後，台灣需要什麼樣的城市與空間？在埋頭開發之前，必須先好好思考，如何在土地永續與讓國家社會持續發展間取得平衡，若只是一味開發，並未搭配適當的建設退場機制，同時人口又更少，會形成空屋率愈來愈高的怪象，導致「鬼島化」。

創造更多元的土地與空間運用方式

可利用土地與空間都有限，在無法產生更多土地與空間的現實下，如何將既有資源最大化其功能？將不被需求的閒置土

地與空間翻轉再利用，無論是創生基地、被賦予新時代任務的場所、增添人與人互動的大小場所、最實際的居住空間，或是各種可能。

都更的思維，也必須從都更後一坪能漲價多少的思維跳脫出來，土地政策也不應該只是土地開發。什麼樣的都市空間分配最適合台灣現代社會？這反而是比起地價漲幅，更需要社會大眾思考的議題。

「台灣這麼小，怎麼可能讓許多人世世代代擁有土地？」徐燕興強調土地使用多元性的重要。現在普遍的都更方式容易孕育出相似的房子、相似的人，讓不同階層的人難以交流、共創火花。長遠來說，更阻擋了一個國家的競爭與發展。

若賦予土地除了累積財富以外的社會意義，將可以讓土地更具多元性，進而孕育出具有關係化網絡的社群，也讓台灣社會得以持續有動能前進，並在國際社會具競爭力。

徐燕興認為，在荷蘭、丹麥、瑞典、愛沙尼亞、挪威、芬蘭等新崛起的國家，都看到多元空間開發帶來的新可能。

地平面低於海的荷蘭，無法像許多國家往地下發展，爭取更多空間，但也催生了友善環境的都市規劃，以及便利又低汙染的交通系統。自行車、輕軌與海上巴士等綠色運輸系統都格外發達。

與基隆同是港口城市的阿姆斯特丹，早在二十年前就因清

楚自身先天地理條件限制，布局精密的交通路線與系統。輕軌以中央車站為中心，建置圓環狀、放射型、南北向線，輔以海上巴士，再加上全市人均 1.8 輛自行車，構築通行網絡。市民得以便利又安全地移動，符合現代城市所需，同時城市也得以永續發展。

一踏出阿姆斯特丹火車站，美麗的海港即映入眼簾，隔著 IJhaven 海灣的另一頭是北阿姆斯特丹。比起建造跨海大橋，荷蘭改用海上巴士搭配可騎上巴士的自行車，多功能又人性的轉運設計，讓市民及觀光客在市中心得以更加暢行無阻。

除了極富遠見，阿姆斯特丹政府也深具魄力，他們大膽地將火車站前的廣場淨空，供傳統電車通行及行人步行，空間適度的留白也是種都市土地發展。

相較舊市區維持低度開發原則，以保持傳統都市紋理意象，火車站北側對岸及東岸碼頭區則規劃為新興都市發展，從傳統的工業碼頭轉型成社會住宅或休閒遊憩類，既成功翻轉傳統都市空間區位，也再創造新價值。

在統一規範下展現多樣性

在既有土地之外，也不乏新開發區的規劃。

位於波羅的海的瑞典，首都斯德哥爾摩皇家海港區

（Stockholm Royal Seaport）距離市中心僅有十分鐘的自行車車程。過去的港口工業隨著全球化而式微，瑞典政府於 2010 年投資了兩百一十億克朗（約新台幣六百一十八億元），以多元開發方式媒合了四十間營造公司、三十位建築師，將 236 公頃的舊港區打造為皇家海港城計畫（Stockholm Royal Seaport Project）永續智慧新城市。

皇家海港城計畫由斯德哥爾摩市政府劃分成多個區域，進行分析及調查，辨別出不同土地的發展性質，委任建築師、都市計畫師或國際競圖，針對每一區域內的一塊土地做設計。同時，政府邀請城市開發商與建築師組成團隊，將精力集中在設計每個子區域內各個獨立的土地或建物上。

如此一來，在一個統一規範下，最大程度鼓勵區域中建築的多樣性和精緻度，因此皇家海港城實踐了舒適的人行空間，建構雨水花園、廢棄物回收系統及協調的景觀設計，但又能在區域內看到和諧且不單調的建築與開發。

多元開發方式讓規劃到開發實施階段，都能含納各類利益相關者的觀點，多數開發商與建築師皆能參與城市的發展。除此之外，這種開發方式也提供新的商業模式，讓公共和私營領域均能投資其中，並因此分擔成本，共享新技術帶來的好處，最大限度地減少對社會的負面影響。

這種在整體都市設計下訂定多元開發方式的經驗，基隆也

正在基隆捷運沿線嘗試中。

捷運建設帶動新市區發展

基隆捷運是基隆人等待三十年的重大軌道建設，更是非直轄市的第一條捷運建設。也因如此，這是一條不同於過去的捷運軌道建設，過去都是在人口密集的大都市裡建設，捷運站設置後就能提供周遭地區的大眾運輸服務。

但嚴格說起來，這樣的交通建設多半是為因應城市發展所需，而做為補足城市大眾運輸所需的建設，其角色與城市治理卻是分離的，城市治理的回應幾乎沒有。這也是為什麼，在台北捷運通車後快二十年，以捷運站為核心的 TOD 概念才逐漸開始討論。

基隆捷運沿線不若雙北核心皆為密集的都市發展，捷運建設的投資必須更為謹慎小心。

因此，市府在鐵道局推動基隆捷運的過程中，主動提出捷運沿線的都市設計規劃，讓捷運周遭的發展能於軌道建設前先予以規範，甚至在捷運站帶來人口移入所產生的開發需求之前，即以都市設計與都市計畫訂定開發型態與多元開發方式，讓捷運與周遭環境能一致朝向以大眾運輸為導向的發展。

換言之，上百億的捷運建設所產生的綜效不僅限於交通建

設，更是能做為翻轉城市與地區發展的重要槓桿。

捷運建設帶動新市區的發展，丹麥哥本哈根的Ørestad案例也值得參照。

過去，Ørestad是哥本哈根市郊垃圾掩埋場及未開發荒地，沒什麼人敢靠近。然而在1980年代末，因哥本哈根都市過於擁擠與金融海嘯的影響，Ørestad成為被選定區。

數十年後的現今，有兩條捷運線行經Ørestad，區內更設有六個地鐵站，交通便捷，加上就學、就業機會豐富，有兩萬名居住人口、六萬名就業人口、兩萬名就學人口。

芬蘭建築工作室是負責Ørestad總體規劃的兩個單位之一，他們將建築物集中在四個較小的地區，使建築群高大、密集，同時打造充足的基礎設施，營造高品質生活圈。並善用南北運河，搭配自然環境，設計生態休閒空間，自然有如融入建築物間。另外，考慮氣候變遷，更規劃極具先見之明的雨水蓄水池，強化城市的韌性。

為什麼Ørestad能具有高密度居住、高就業、就學機會呢？除了上述的空間規劃之外，三項開發策略也扮演著關鍵角色。以鐵路及高速公路與哥本哈根市中心串聯，吸引國際標竿公司入駐；引進IT、醫療等多元產業；興辦學校與公共圖書館等文教設施，搭配良好機能與優美環境，打造理想的教育環境。

不同的國家或城市，實踐了多元土地開發的可能性，對我

透過各種形式的討論與交流，讓更多人知道近年來基隆改變的歷程（右一為林右昌市長、左二為魏德聖導演）。

們而言，更重要的是，如何將這樣的可能性移植到自己生長的土地上。

「我們在基隆做這麼多，屬於跟基隆有脈絡性、開放性、更自由、更開闊、更海洋，屬於基隆狀態的空間，為的就是讓人住進基隆來；如此一來，就會產生屬於海洋的人民、海洋基隆的人民、開放的人民，具有基隆歷史觀、看法的人民，」徐燕興描述，這些年來基隆土地的多元開發嘗試，加上完善教育，將可以為基隆創造出更多樣性、有能力的人。

近幾年，基隆在學校用地、工業區、倉儲區都進行通盤檢討，讓冷冰冰的都市計畫或看似繁文縟節的規範，化成積極引導城市再生的有力工具。

　　簡單來說，就是讓有限的土地資源發揮更大力量──當更多座城市像基隆一樣變得更有活力，這座島上的人也才得以生活得更好。

基隆塔（Keelung Tower）以橋式起重機為原型發想，連結港區與希望之丘，讓遊客與市民更願意上山，這也是融入社區民眾參與促成的「山海城串聯再造計畫」之一，未來將成為基隆新地標。

分進合擊的中央與地方政府

勇於想像並討論政府體制創新的可能，
將有助突破存於檯面下習以為常或僵化的體制、文化，
並讓國家邁向更理想的未來。

　　說到政治，我們會想到什麼？每幾年出現一次的選舉？還是新聞上各黨各派的政治人物？

　　維基百科如此定義：「由各種團體進行集體決策的一個過程……尤指對於社會群體的統治……狹義來說，這個詞多用來指政府、政黨等治理國家的行為。」

　　孫中山則說：「政者，眾人之事；治者，管理之事。所謂政治就是管理眾人之事。」在探討如何「管理眾人之事」前，需先了解現代台灣的政治樣貌。

三萬六千平方公里的台灣，目前有六個一級直轄市，與二級的十三個縣市、三個省轄市。現代台灣採行代議民主制，每四年舉行一次總統大選及立法委員選舉，地方公職人員選舉（簡稱九合一大選）同樣是每四年一輪。

　　大選，平均兩年一次，形同政府繳交期中、期末成績單，也就是驗收民意的時刻。在高度民主化的台灣，大小選舉成為不同黨派候選人的兵家必爭之地，他們期望成為首長或民代，施展抱負、為民喉舌。除了民權公職人員，加上從歷年公務員考試脫穎而出的三十多萬名合格公務員，推動各項政府事務，維繫著國家的運作，治理、引領台灣。

　　《論自由》作者、英國哲學家約翰‧彌爾（John Stuart Mill）說：「人民應該是主人，但他們必須聘用比自己更能幹的僕人。」這句話道出代議民主的真諦。

　　政府影響一個國家的運作，涉及地方與中央的責任資源分配、行政區劃分、人員任用與選舉制度等傳統任務。然而，在數位科技同時快速推進、推翻許多既有模式之下，政府又該如何因應？

中央授權，地方治理

　　相較多數民主國家採用行政、立法、司法三權分立，台灣

則是多了監察權及考試權，屬於特別的五權分立制度。此外，不同於採用聯邦制度的美國、德國，台灣採用中央政府與地方政府聯合執行政治權力的政府型態，而地方政府的權力則由中央政府授權。

「台灣比較中央集權。很多時候，中央都會認為，一套制度一體適用，」政治大學公共行政學系教授陳敦源說明台灣中央與地方政府的關係。以前就連颱風假要不要放，都是由中央統一決定，後來才交由各地方政府決定。

地方政府資源有限，推廣公共建設與服務時，經常捉襟見肘。圖為基隆市政府。

在這套由中央政府引領的制度之下，台灣的地方政府權力有限，資源也有限，因此在推廣地方建設或公共服務時，經常捉襟見肘。然而，是否建設或建置公共服務，和地方政府最在意的選票高度相關。

能否成功獲取中央經費，得從不同的角度分析，譬如地方政府是否跟執政者同一政黨？首長跟中央的關係好不好？都是其中關鍵。

形成中央與地方政府現今的關係，來自對岸的經驗，台灣面積小，尤其高鐵通車後，北高已是一日生活圈。比起幅員廣大的國家，台灣中央政府在管理上顯得容易許多，除了聯邦治理，台灣該思考自己的主體特性，設計政府體制。

稅收分配或徵收都是學問

「這可以從中央政府願不願意放棄稅收來觀察。如果真的要地方分權，那最重要的是很多中央收的稅要給地方，讓地方政府有錢好辦事。可是到目前為止，中央政府依然不願意，」陳敦源說明，稅收分配是看中央與地方政府權力大小最直接的指標，「哪裡有錢，誰就有權力。」

也因此，地方政府想要做一些建設或服務時，必須向中央政府請款，而缺少地方經驗的中央官員，各類計畫如何符合地

方需求？稅收大餅有限，中央為了公平，預算效果就會有偏差。

陳敦源說，碳稅是少數下放給地方政府的稅收，但地方政府不敢收。因為縣市間存有比較壓力，如果大部分縣市沒有收這條稅，只有少數縣市收，儘管增加了財源，但容易挨民眾罵，因此地方政府還是寧可跟中央政府伸手。

地方政府的責任很大，但是資源沒有那麼多，也缺少人才，在四年選舉一次的壓力之下，地方政府有好好治理的誘因，中央／地方結構問題，地方要好，既辛苦也很血汗。

因此，如何在重重限制、資源有限之下將事情做好，讓民眾買單，願意持續投票給他們、授權他們治理，十分考驗個別的地方政府。但打開中央／地方分工過往心牢，也應努力去倡議與想像。

分權分工攸關民眾幸福指數

地方政府就如同一個大集團下的分公司，如何開源節流、自負盈虧，並與如母公司般的中央政府關係良好，達成永續經營，端看每位民意授權上任的行政首長如何接招。

「增加資源這件事情，有時太主動可能會引起民怨。地方政府最好的考量應該是，現有資源不要濫用，且要用得更有效率，」陳敦源強調地方政府除了開源，節流更加實際與重要，這

取決於政府是否優化管理與資源分配。

另外，招募民眾擔任志工，與 NGO、企業或社運團體合作，都像是種無形資產，可以減少政府的必要支出。

在社會民主化進程之下，中央政府不再如過往集權，大小事務都一把抓，像是颱風假、災害防救工作都逐漸下放到地方，「中央政府如果要訂立土石流相關法令，當然是一體適用，但事實上，很多事情要看各地狀態，資源並不能完全平均分配，」陳敦源提醒，中央及地方政府權力與義務如何分配的種種討論，都是為了要幫助政府實現更理想的治理藍圖。

健保、長照或近幾年的防疫工作，也都屬於適合多賦權給地方政府的項目。

在國際環保意識漸長之下，台灣宣誓要在 2025 年達到非核家園（注：延期到 2026 年），讓再生能源達到 20%的占比。陳敦源觀察，目前政府經常祭出補助措施，鼓勵地方組織或家庭在建物屋頂安裝太陽能板。然而廣布容易，管理困難。

陳敦源曾造訪南投縣某間九二一大地震後重建的學校，發現裝設在屋頂上的太陽能板非常髒，懷疑其蓄電力可能剩不到 10%，「這是中央還是地方政府要來處理？這攸關綠能是否過度供給，一定要去討論。」而這只是中央與地方分權、分工的眾多項目之一。

從讓民眾生活得更好的目標出發，細緻優化中央與地方政

府的各項分工，以發揮更好的效能，是治理者時時刻刻都必須思考與行動的事。

現行行政區制下的挑戰

「台灣這麼小，需要分成那麼多行政區嗎？合併行政區會不會對台灣更好？」這是一個時不時會被拋出來討論的議題。

基隆市政府曾經提出「五都二縣」的倡議，改造政府組織、縮小組織規模、精簡公務員，並加強發展台灣商業、政治、農業中心，以及高科技、重工業。

陳敦源指出，早在 1993 年，就有人主張要學日本的行政區劃分，將台灣改劃分為四個州，「日本中央政府跟地方政府的關係其實也沒有想像得那麼好。另外，台灣現有行政區背後，有太多早已深耕密植的利害關係，要動這部分真的不太容易。」

不僅邊界要重劃，又如何決定哪個行政區被合併？「這牽涉分配問題，沒那麼容易，」陳敦源數次強調，現在要實現行政區重劃並不容易。

儘管如此，台灣過去曾推動縣市升格，或多或少地執行行政區合併。2010 年及 2014 年，新北、台中、台南、桃園分別升格為直轄市，從北高兩都變成六都。

為什麼許多行政首長汲汲營營希望行政區合併？這也同樣

與資源分配方式有關。六成以上的中央統籌分配款分給六都，其中台北市取得最多經費，而僅剩三成以下的分配款，卻有高達十六個縣市要分配。儘管中央有許多競爭型計畫可以爭取，但提計畫既需要錢也需要人，才得以擬出有勝算的計畫，但地方政府往往沒人也沒錢。

大餅有限，分配方式影響著台灣未來走向，因此任何變革都需要社會經過充分細緻的討論與審慎評估。

「第一個層次是台灣怎麼劃分？當年政府劃設行政區時，就未以台灣的主體性劃設，」徐燕興點出最源頭的原因。

其實，任何行政區劃都有其缺陷，相關討論必將持續，保持對話，回應挑戰，才是當下彌足珍貴的政府能力。

但什麼是台灣或台灣城市的主體性呢？這得先從什麼是主體性、主體化談起。

「台灣的難處在於尚未有共同認同的主體，但我認為用『主體化』來形容或許更為恰當。『主體性』是一個性質，『主體化』則是一個過程，變成主體的過程，」徐燕興說明，主體化的過程需要開放與共創。基隆市府團隊將這樣的概念融入治理基隆之中，把不屬於基隆的特質抹掉，回歸屬於基隆的樣貌。

重新結構化、關係化既有的事物，連結新價值及新經濟，最終再回歸到法律與制度。國家、城市在這主體化的過程，將形成具主體的新社會。

民國五十幾年開始，台灣就想推動都會區計畫，可是至今都沒有什麼進展。基隆 2015 年藉由基隆河谷再生計畫，與台北市政府、新北市政府一起合作，共同出資，由基隆主導規劃，規劃結果成為三個城市的共識，並納入都會區計畫，進而成為基隆捷運的基礎。講了五十的事，終於落實了。

城市治理就是經由這樣編織的過程，找出一個新的基隆，符合未來需求的基隆，符合基隆主體的基隆。

主體化的規模可大可小。徐燕興分享基隆星濱山地方創生團隊主體化的故事，起初星濱山舉辦的正濱藝術季靠網路募款，未領政府補助，後來則成功串連五湖四海的藝術創作者，並整合政府、地方單位、文化部，甚至與國外機構一起打造地方品牌。「這樣的地方創生團隊，不就是如同一個地方區公所，或地方市政府了嗎？」

就像星濱山，當建構更完整的主體，新的基隆或台灣的社會狀態也就呼之欲出了，許多因主體不明而衍生的狀況將一一迎刃而解，並滿足未來社會的需求。

用人唯才：如何讓公務人員有能？

一個國家或社會的運作，除了組織與運作法則，更重要的是組織裡面的人，亦即公務人員。

公務人員被稱為「國家的公僕」，其任用管道分成國家考試與民選的選舉制度。可以說，除了非典型的派遣雇用人力，公務人員的任用都必須要根據制度。

所有制度都是一體兩面，以不同觀點看就會有所不同。現行公務人員任用制好壞與否，也必須從不同角度檢視。台灣應具有海洋主體性，公務人員更需擁有面對變動的能力，以因應大環境不時而來的挑戰。「要成就一個政府，組成一個組織，應該回到這個組織要幹什麼，進而設計其功能，」徐燕興認為。

陳敦源則回應，彈性跟守規矩兩種觀點的差異，起因於台灣公法學者多是沿襲歐陸法系，而政治法學者則主要來自英美法系，因此台灣公共事務的結構本來就像台拼裝車，不屬於自己所屬的地理與社會。

「其實這套世界各國採用的文官系統來自華人，由英國學回去，擴散到其他西方國家，也是華人對世界政治制度設計的重要貢獻，」陳敦源強調，文官系統有其必要性，才會被許多文明國家採用。

陳敦源認為，為了人員任用彈性而修改既有法系並不容易，應善用地方政府被賦予的自由度，像是具地方自治精神的《地方自治條例》，調整地方政府的組織配置。另外，目前政府會招募一定比例的非典型人力，也能增添人員任用自由度。

儘管改革不容易、無法一次到位，但若希望政府創新，確

實需要大膽地想像,搭配長期的一步步優化,才能逐步調整成最適合台灣版本的體制。

鐵飯碗 vs. 官僚文化

這套許多國家採用的文官制度,也對公務系統運作帶來其他面向的影響。

公務人員被視為擁有鐵飯碗,考取等同終身保障,因此儘管錄取率低,仍有許多人在這條路上奮戰,就為換得一張窄門門票。

2022 年,高普考報考人數總計七萬一千多人,平均錄取率不到百分之九。然而奮力考取後,也因為安逸的公務環境不如民間企業的職場競爭,公務體系效率不彰或官僚文化,常存於大眾社會的印象中。

「有些公務人員曾經努力考試,是想要 do something(做點事情)的,但進來公務體系後,那個精神卻不見了,」徐燕興認為,公務環境容易讓人安逸,影響公務體系運作順暢度。對此,陳敦源也認同,「以誘因來講,這是正確的,當保護得愈好,愈沒有意志工作。」

陳敦源認為,更重要的是官員的領導能力,如何經營團隊,帶著團隊做事。假設缺乏領導能力,就算到相對自由的企

業工作，仍是無法驅動團隊，「所以不是公務體制的問題，而是領導的問題，」陳敦源強調。這是基隆可以在極大限制下，翻轉基隆的關鍵。

像是引入教育訓練、派遣人員的評估制度，都是可以有效管理下屬的方式，「許多行政首長會忽略教育訓練，假設他有100元經費，99元丟到業務，只有1元做教育訓練。我常常認為，100元裡面最好要拿10元出來做教育訓練。藉由教育訓練，可以轉型成學習型政府，」陳敦源主張，如中央政府或網路的教育資源，都可以多加利用。

以教育訓練培育未來領導人才

林右昌上任基隆市市長後，非常重視教育訓練，每年舉辦首長激勵營，讓所有科長級以上的同仁與各警察局局長，甚至派出所所長也一起參加，邀請各領域專家談數位政府、國土規劃、郵輪政策等各種議題，希望建立起基層員工對市府重大議題的共識。

都市發展處做為城市發展的啟動機，每年也都會舉辦不同的員工訓練，譬如安排國外城市經驗學習之旅，或者找專家學者授課，同時也邀請首都圈其他地方政府的公務人員，甚至基隆在地相關團體一起上課、討論，建立共學平台，營造未來都

市發展政策的生態圈與共同學習的氛圍。

此外，都發處也會爭取預算，讓新進人員和資深公務員一起出國進行標竿學習，回國後舉辦工作坊或鼓勵發表文章，由資深公務員倡議新的理念，新進人員主導，帶動機關進步，過程並擇優加速升等，藉此培育擁有新思維的同仁，成為機關未來的領導人才。

「大家看世界的角度提高了，」宋豐荃分析市長舉辦的激勵營帶來的好處。另外，除了各處處長與其他地區公務員共同參加，也藉由網路直播，吸引更多具公民意識的市民同步參加，成為扎根各社群的種子。

基隆也藉由各式平台，匯集外部專家學者、公務員、在地公民等，讓小至各公家單位或社會不同社群，能有所滾動、對話，「融入地方所有的事，也融入年輕人的未來想像，以及外界對基隆有所期待的想像。我們更將這些年基隆孕育的結果化為原則，再把這個原則交給設計去推動，」徐燕興說明設計平台滾動出來的無限效益，同時也減少台灣既有行政區限制帶來的負面影響。

「這些事情都是要在既有的困境之下，變成有能力的政府；在既有的民主之下，變成可以面對不同意見的政府，並培力新社會的關係人，」徐燕興強調。

因為種種制度創新設計，如十五分鐘城市這種新想法於

2020 年引入基隆，當時國內幾乎不知道這個理念，也不知道法國巴黎正在同步倡議。透過不斷倡議和學習平台，2021 年已為專業人士知曉，同時運用在基隆市政中，也透過學習平台的關係網運用在台灣其他縣市中。

政府的數位轉型之旅

網際網路帶來諸多時代變革，然而過去並無主責單位，數位事務散落在許多並非主責數位治理的部會，如經濟部、交通部、國家發展委員會等。直到數位發展部（以下簡稱數位部）於 2022 年 8 月底掛牌成立後，跨不同部會的數位事務始彙整一處。數位部的成立，反映政府在創新治理上邁進一大步。

「面對新興科技，若它來的速度超過我們協調能力的話，那就需要較為突破性的整合方式，降低協調溝通成本，有效推動數位事務發展，為全民打造良好的數位環境，」首任數位部部長唐鳳在 2022 年「我國數位轉型之挑戰與契機」論壇（以下簡稱數位轉型論壇）上，開宗明義定位數位部成立宗旨[1]。

數位部也期許，建構跨域協力典範、完備數據公益生態，並達到跨國科技跟資料民主化的共同進展。

數位轉型論壇唐鳳講座的 QA 環節，主辦單位採用線上蒐集問題，並依參與者投票數決定題目的回答順序。唐鳳以此做

為例子，若是採過去輪流舉手發言或蒐集實體回饋單，需要花費較多的時間收單及彙整。

這也像未數位轉型前的傳統治理。執行政策的基層人員受限於實務，過度集中處理特定方向，無法依據每個人的實際需求制定或推動政策。若引入數位科技，將有機會促成高頻寬、低延遲、廣連結的有效溝通。

數位部做為一個新興政府組織，其組織架構也引發社會關注。其中一個部門「多元宇宙科」，將夯名詞「元宇宙」放到政府組織名稱中，引起大眾好奇。

唐鳳於數位轉型論壇上回應，生活中處處可應用多個共通元宇宙的互通性，像手機門號能跨網跨電信商使用，但目前坊間一個個大型跨境數位平台，卻像一支支網內通話手機，無法跨網聯繫更無法攜碼，「這種限制，無形扼殺創新的可能，」唐鳳說明，同時這限制也危害使用者的隱私和資通安全。

因此，全球資訊瀏覽器網標準組織如全球資訊網協會（W3C）、歐盟都訂定出相關因應規範，讓帳號、密碼透過可攜方式，在平台間自由互通；歐盟更通過法令，2023 年起，各式即時訊息、語音、視訊都要逐漸能夠跨網互通。

「數位技術的目的是開創多元的社會價值，」唐鳳強調，「在保護個資的前提下，確保每個人能自由選擇不同的管道，彼此建立的連結安全。」

除了藉由通訊科技克服時間、空間限制，也可有創新發揮，像是實體或數位世界的弱勢族群均能輕易獲得公共服務，數位平台上的虛擬公務員以手語跟聽障人士交流，都將在不遠的未來實現。

打造數位韌性

一個國家的韌性，除了展現在防範實體社會的自然、人為危害上，是否具有數位韌性也逐漸備受重視。當假新聞、假訊息或駭客入侵等發生於雲端上的行動，殺傷力並不小於實體攻擊手段時，如何防範以減少損害，甚至強化自身體質，更是現代國家的重要任務。

數位部成立後，分成幾個部分來建立防範機制。其一就是深化政府的數位運用、國際參與、多元資料等，以及強化行政關鍵資訊系統、數位基礎建設，加強公共運作與運作韌性，以因應多元新挑戰。並持續推動新資安檢測標準，確保整體供應鏈的安全性。

日常資安方面，除了軟體持續更新、委外管理機制、遵守資安規範等，數位部也主動強化不同機關的防禦架構。

像是數位部示範性導入「零信任」網路機制，讓全部工作人員可以使用多元的設備，不限地方開啟公務系統。唐鳳以自

身為例，儘管他確診新冠病毒，在家隔離七天，仍可以如常處理公務，完全不用請假，就是仰賴這套注重身分與設備鑑別、隨時驗證的零信任機制。若日後這套機制能擴及更多中央部會，將讓資安更落實在日常中。

俄烏戰爭期間，儘管烏克蘭的行動網路、固網都被破壞殆盡，仍有非同步衛星的資源得以保持對外的資訊暢通，與支持烏克蘭的民主盟友連結，「這就是數位韌性的展現，」唐鳳強調。

「未來若我們碰到重大災難，阻斷了手機通訊，即可透過這種垂直上行的傳輸，就算海底纜線有什麼不測，也能維持聯繫暢通，以提供社會大眾正確必要的應變資訊，保持指揮系統發揮能力，穩定國家運作，」唐鳳進一步說明數位韌性的重要，「所謂韌性就是，不管受到天災或人為的攻擊，都能夠即時察覺、即時恢復，甚至從中學到教訓，讓被攻擊後的體質比被攻擊前更強壯。」

如 SARS 後成立國家衛生指揮中心，就是從災難中學到教訓。能否從運用數位科技解決問題，進展到既能解決問題也能減少負面衝擊的數位韌性，考驗著治理者的重視度與因應速度。

資料治理到資訊安全、數據公益

除了強化數位韌性、控制風險，如何進一步積極運用數位

科技，帶動社會大小創新，也是數位部的重要任務。

唐鳳分享，近幾年開放資料的運用，產生許多全民協力的共創應用，如空氣盒子、民生公共物聯網，包含空氣與水資源品質監控，以及地震預警等。這類主動利他、共創共好的做法，有助於未來的數據公益發展。

唐鳳進一步說明，比起過去開放政府資料，**數據公益**更加強調數據公益性，以及持有者主動地賦予非個人化**數據**，貢獻利他價值，這類行動有助建立數位互信關係。

台灣主動把人民沒有領的七百萬片口罩，捐給全世界；或是國際捐出無法還原資料的 X 光片，藉以判**斷**個人是否染疫，都與數據公益相關。

而數據公益又與隱私強化技術息息相關，像是歐盟推動的《一般資料保護規範》（GDPR），或美國正在研擬的聯邦統一個資法，都是未來台灣推動數據公益必須注意的。

「當今的國際情勢下，我們已經是民主陣營最信任的夥伴之一，但不是只在晶片上或硬體供應鏈上，我們也要在**數據相關**的資料治理方面，跟全球民主陣營並肩合作，」唐鳳主張，推動資料治理，有助台灣與其他民主陣營相互合作。

在**數位**時代，除了對外主權，也十分關注**數位人權**，唐鳳也希望應用日新月異的數位科技來加強弱勢族群的服務，更接近聯合國十七項永續發展目標（SDGs），像是消除貧困、飢

餓,以及保障健康福祉、性別教育的平等。

從數位人權到數位外交

比起過往界定的「country」(國家)、「area」(地區),
唐鳳認為,現在會以「democracy」(民主政體)或「partner」
(夥伴)做為民主網絡的民主夥伴,「我覺得在新的主權思考底
下,甚至包含分散式知識組織,包含網際網路中心的治理上,
很多已經沒有所謂的領土綁定這樣的實體,是不是也可以有類
似於外交這樣子互相承認的關係等,」唐鳳分享。

因此相較於其他部會用國際合作司、國際兩岸合作司,數
位部將相關部門稱作民主網絡司,希望運用新模式來推動過去
台灣受限的國際外交。

俄烏戰爭中,聲援烏克蘭的群體,不再受限於地理上的接
壤國家。許多與烏克蘭價值相近的國際社群,都跨越地理限
制,發出聲援烏克蘭的行動。如在國際匯兌還不能運作時,分
帳式帳本技術或是加密貨幣的愛好者,幫助烏克蘭國民募資、
捐款;各國政府所成立的事實查核組織(譬如台灣事實查核中
心 https://tfc-taiwan.org.tw/),協助烏克蘭國民查核俄羅斯發
出的各式訊息。

「我們現在並不是只看地緣的遠近,而是看價值的遠近,」

唐鳳勾勒數位技術下新的外交願景。許多國家願意從網路上協助台灣推動一些事務,「這些都是外交。現在的公眾外交,所能調動或激勵的活動,比網路普及前不知道要多多少倍。」

數位主權除了國際政治,也包含軟體自主,而軟體應不受限於特定廠商。唐鳳指出,根據歐盟訂的成熟度指標,台灣目前算是非常依賴特定廠商。為了改善這個情況,數位部率先以開放標準制定公文差勤、網站維護等公務系統,希望對所有人都能提供一視同仁的服務,降低特定廠商的居中影響性。

「要在數位轉型的過程中,激發每個人的自發、互動、共好,」唐鳳於論壇講座尾聲強調,「讓我們台灣從數位的島嶼,成為全球數位民主以及創新的典範。」

一個國家運作得好,需要政府組織架構完善,並持續優化;由合適的治理者運籌帷幄,並管理基層人員,推動各項公共事務的發展。若善用數位科技,是否也能為政府組織帶來更多想像與可能,讓過往的限制不再是限制,加速實現政府創新的第一章?

1:〈政府的數位轉型之旅〉,整理自:2022 年 TASPAA 年會暨國際學術研討會主辦之「我國數位轉型之挑戰與契機」論壇中,數位部部長唐鳳的演講內容,論壇網址 https://reurl.cc/aavWZ9。

基隆市議會與市府團隊。

後疫情時代
Web 3.0 的空間治理

新冠肺炎與 Web 3.0 的時代共同帶來了什麼？
又催生、改寫了什麼呢？
是否改變過往熟悉的國家或城市治理模式，
有機會讓台灣更加參與並融入國際社會？

　　2019 年至 2022 年，新冠肺炎在全世界迅速延燒，改寫了歷史。各國政府嚴格防堵疫情擴散，要求人民戴起口罩、保持社交距離，減少不必要外出，並封鎖國界，現代社會中頻繁的流動瞬間靜止了下來，如同人類社會集體回到交通尚未便捷、移動還不盛行的年代。

　　新冠肺炎蔓延近三年，人類在大量減少實體接觸的狀況下，適逢網際網路技術愈加成熟、強調去中心化與網路自治的 Web 3.0 崛起。遠距工作、遠距教學興起，遠距醫療、娛樂、

民生等生活應用更是應運而生，孕育如外送平台、網購、電子商務等網路服務。

2022 年，疫情狀況略有轉機，愈來愈多國家鬆綁防疫規定並陸續開放國門。但是，後疫情時代如何因應？歷史文化特色，提供好的環境與就學。海洋城市自由開放和美麗生活，吸引人才進駐。數位生活和十五分鐘城市的努力，也將讓城市更具韌性，不怕戰爭、疫情，成為真正的幸福城市。

食衣住行育樂線上化

新冠肺炎席捲全球，帶走數百萬條人命，造成許多遺憾，但不可否認的，它同時也催化了多元科技應用的進展。

遠距工作、遠距教學其實都是疫情前就存有的技術，但應用在生活中始終有限。然而在疫情之後，人們為了維持原有生活，不得不採納這些技術，也因此催生突破性發展，疫情就如點燃稻草堆的一把火。

相較全世界，台灣疫情開始大幅延燒的時間晚了許多，直到 2021 年 5 月才實施三級警戒，各級學校改採遠距上課，公司行號也以全面或分流遠距上班，減少不必要的移動，社會大眾盡可能地留在家中。

與此同時，在網際網路已高速穩定發展下，實體生活搬到

線上，人類生活快速虛擬化。除了工作、上學，生活上的食衣住行育樂無一不線上化，進行商務活動、採買、聽講座、演唱會，連技術維修支援都可上線。需求有如山洪爆發，加速各式科技應用的發展。

疫情促成遠距科技興起

資策會產業情報研究所所長洪春暉專長資訊電子相關領域研究，有產業研究二十年經驗，他舉例說明，以前若要在國外裝設機台，是要帶整組設備維修團隊前往，等裝機並測試完成，才會放這群人回家。但到疫情時代，可能無法如此多人，或是甚至全部團隊都不能到現場去，必須採用視訊或 AR（擴增實境）／VR（虛擬實境）技術等替代方式。

「我們可以很明顯地看到，這些應用已經不再是技術上的推動，而是需求端的拉動，」洪春暉分析，一場疫情萌生近乎「剛性的需求」，促成各式科技應用誕生或有所發揮。「疫情恐怕是帶來最大改變的驅動力，當然這裡面也看到實際需求，而且是非做不可，因為如果不這麼做，很多的生意就不見了，很多運作就不能進行，」洪春暉表示。

大量需求帶來大量應用，促成科技應用百花齊放的盛況。

「發展的過程中，不斷淬鍊這些技術，功能變得愈多愈好，

受到疫情影響，人們的工作與生活型態已經產生質變。

數位科技影響人們的生活，包括醫療、交通、休閒娛樂等各項需求。

bug（程式漏洞）愈少，人們的使用也會愈來愈熟悉，」洪春暉
觀察，如遠距教學常用的視訊會議軟體 Microsoft Teams，比起
疫情剛暴發前，就有非常長足的進步。

任何技術應用，必須先有大量的使用者，才能產生足夠的
使用資料與回饋，讓技術研發單位得以一步步優化應用服務。
當服務優化得更好，也才會更加普及、廣泛地運用在生活之
中，而新冠肺炎帶來了這項關鍵契機。

技術的變革，同時也改變了人們習以為常的生活方式。線

上進行具有去時、去地化的特性，鬆綁過往時間與地理上的限制，若線上能更即時、方便地進行特定活動，何必非得堅持實體呢？

虛實整合新工作模式

但在全世界疫情日漸趨緩、逐步邁向後疫情時代下，又有什麼改變會被留下呢？

「有些工作並非有實體工作的需求，會有更高的比例呈現遠距工作型態，有些工作非得實體進行不可，hybrid 虛實整合的工作模式則會呈現愈來愈高比例，」洪春暉說明。

一位在新創公司負責數位學習培訓的小主管觀察，在居家辦公中，各個公司必須想方設法維持原有的工作期程，而遠距最困難之處，莫過於人才招募與培訓。

疫情前他們公司為了要國外拓點，開始開發數位學習的培訓課程，後來台灣疫情全面暴發時，這套課程剛好派上用場，協助居家辦公期間的人才招募與培訓。課程數位學習化，也有助公司培訓的整體優化。

邁入後疫情時代，比起「取代」，遠距確實更成為一種「配套方式」。

從事數位學習課程多年的小主管認為，相較 Web 3.0，台

灣目前其實更處於數位轉型時代。若以數位學習觀察，台灣數位轉型的腳步已比美國、中國落後五到十年以上。

邁入 Web 3.0 時代，有如虛擬世界生態系重組，區塊鏈、大數據、虛擬實境、NFT、加密貨幣等革新技術名詞五花八門，台灣無論政府或民間的數位轉型，能否趕緊在這波數位浪潮中從頭開始？

專注科技立法領域的前立委許毓仁曾撰文評論，Web 3.0 時代如同大西部拓荒，誰能夠搶先一步，誰就具有話語權。台灣跟其他國家的起跑點差不多，希望政府給予年輕人更多的資源和平台，並多重視與發展相關產業，才有機會在元宇宙產業發光發熱。

對此，洪春暉認為，任何一個技術或概念在萌芽期時，都會呈現百花齊放的狀態，「人人有機會，但個個沒把握。」許多人會藉此試驗有無進一步發展的機會。

百花齊放的 Web 3.0 時代

Web 3.0 正處於萌芽期，具有多方定義。不過以洪春暉來看，除了萬物聯網、高頻寬，Web 3.0 更是去中心化的分散式狀態，屬於名副其實的「百花齊放」。Web 3.0 之前的網際網路則具有「centralized」（中心化網路）的特質，像是需要連上

近年來疫情改變了工作型態，遠距辦公已經是許多公司的日常。

Google、Meta，或是微軟等國際大廠的平台。

　　但 Web 3.0 的去中心化時代，所有事務不再控制在特定國際服務大廠上，而是在許多廠商一致講好共通的標準、協定上，相互自由轉換。「如果用雲端來想像多元宇宙，過去有很多朵雲，且每朵雲都很大；現在則是不同的小雲集合在一起，相互連接並互通。也如不同的小元宇宙，串連成一個大的元宇

宙，」洪春暉以雲端比喻說明。

若 Web 3.0 確實如理想的去中心化發展，網路時代將不再如過往由特定國際大廠說了算，使用者不再是藉由連結國際大廠才能取得特定服務，小廠不再只能高度依附在大廠之下求發展，就像牌局重新洗牌。

不過，洪春暉提醒，像是亞馬遜、Google、Meta、微軟、蘋果等國際大廠，勢必更早注意到 Web 3.0 帶來的趨勢，也提早做多項布局，企圖發揮最大影響力。

比起如癡人說夢的一步取代這些大廠，台灣更適合居中尋覓發展利基。

Web 3.0 帶來網路影響力重新洗牌的局勢，台灣如何自處？當身處不得不參加的牌局之中，想打一手好牌必須先客觀分析，相較於對手，自身的利基與不足在哪，並從此著手。

躍上國際數位舞台的機會

洪春暉認為，台灣具有 ICT（資訊與通訊科技）產業強項，大多數企業是中小企業，靈活應變速度快，此外，新一代年輕人充滿了對生活、工作的想像力創意。整體來說，極具豐沛新創能量。

但單靠企業力量勢必不足，最佳方式是由政府集結企業、

學界的產官學力量，共創一個屬於台灣自己的平台。

「找到台灣有優勢的領域預先發展，不用通通都受制於國際大廠，但在進入全球市場後，與國際大廠的合作恐怕不可避免，」洪春暉客觀分析網路時代的牌局局勢，並建議台灣該如何出牌，「當自身有一定規模的平台後，有了利基點才比較好與國際大廠談合作，免得什麼都要靠國際大廠，談判權力就會比較小。」

在高度依賴網路服務的環境中，具有網路平台、服務平台等各式各樣的平台，台灣又可以做到什麼呢？洪春暉認為，我們仍處於摸索期，需要更多的討論。

其中大眾比較好理解的網路服務平台，像是分別從德國、美國進軍台灣的網路餐飲外送平台如 Foodpanda 與 Uber Eats，來自新加坡的電商平台蝦皮、日本的支付平台 LINE Pay；台灣自身的共享運輸載具平台 GoShare、WeMo、iRent、YouBike；旅遊體驗、行程網站如 KKday、Klook（來自香港）；數位學習網站 Hahow；募資平台嘖嘖等。

各式網路平台與我們的生活息息相關，緊密程度可說愈來愈高。

洪春暉以悠遊卡與 Apple Pay 為例，說明有無進軍國際的差異。儘管悠遊卡從原先單一的交通支付工具，衍生為許多管道通用，屬於發展不錯的支付平台，但不會跨國使用，「悠遊卡主要在台灣使用，不太可能會拿到其他國家去用，而 Apple Pay

外送服務在疫情期間大受歡迎，這股趨勢也影響到未來人們的消費習慣。

是全世界都可以用。」

　　「台灣平台雖不容易走上國際，但不能沒有我們自己的。假設今天台灣島內要使用行動支付，還是只能用 Apple Pay，沒有自己的支付工具，不是滿可惜的嗎？」洪春暉再次強調台灣自身建置平台的重要性，「當有愈多使用者的時候，所掌握的資源與優勢就愈大。」

第一步，至少要建置創新應用的自家平台，才能再進一步優化與試驗。就如期待種子萌芽成長前必須先播種、扎根。除了自建平台，台灣產業也可以同步在相對發展成熟的國際平台上，尋覓得以切入、發揮台灣優勢的應用，並藉此著力。

　　「在 Web 3.0 百花齊放的時代，運用產官學界的力量一起投入，一起搶攻、找機會、找方向，是很有機會的，」洪春暉樂觀看待台灣在 Web 3.0 的發展，關鍵就是必須產官學同時投入。

如何打造台灣的數位時代？

　　在數位時代闖天下，本土的網路平台如同重要的根基，而發展本土平台又需要具備哪些發展條件？

　　「新創與創新很重要，」長年分析數位局勢的洪春暉回答，這短而有力的關鍵祕訣，「創新不一定是只在新創裡面，有些也在既有的傳統業者之中。」這需要具備願意創新實踐的人與開放的環境。「若什麼東西都用法規管得死死的，這個不能做、那個不準做，創新很難被實踐，」洪春暉指出，法規鬆緊是環境開放與否的關鍵。

　　台灣在 2018 年推出金融監理沙盒，主張在減少法規限制下，鼓勵產業的創新運用。

　　「沙盒的概念就是，讓創新業者在特定領域先做，做了之後

才會知道跟什麼法規卡住，再去調整。」洪春暉點出即時的滾動式修正是沙盒的關鍵，「不能等調整完再做，那一定會來不及。」其中，如金融支付、交通、健康照護等都具有許多創新空間，都是適合引入沙盒概念的領域。

如遠距看診，在隔離人數暴增後立即被廣泛引入醫療院所，用遠距看診確認確診者症狀並給予處方。尤其適合病情穩定的慢性病患者，可以透過視訊確認狀況，減少回診的頻率，也提升醫院量能。

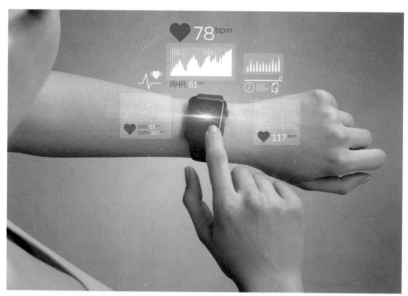

科技導入讓人們更習慣透過各種穿戴式裝置，獲知身體與健康狀態。

洪春暉帶領的資策會團隊曾與地區型醫療院所合作，並從中觀察到，地區型醫療院所十分積極地在做數位或智慧化轉型，除了遠距也採用各式智慧科技，提升醫療品質。

　　運用數位科技得以解決諸多疑難雜症，並優化生活的層層面面，若整體發展成熟，又可進軍國際市場，為台灣賺得名聲與豐沛收入。只要適度鬆綁環境限制，加入各式輔助創新的媒介，必能協助新創或傳統業者的創新發展。

　　在時代趨勢推動下，當更多台灣業者用創新精神回應挑戰，並從中覓得國內或國際市場的發展契機，台灣將跟上國際腳步，且前進得更快更遠。基隆港做為國家門戶，應該在數位時代扮演更積極的角色。

　　但是要提供新數位時代的人才，創新的城市空間與氛圍很重要，基隆市政府都發處處長徐燕興強調，基隆這幾年努力的背後，一直在自問，數位人才的城市應該長成什麼模樣？基隆不大，各類實驗性的「沙盒」都可以在這嘗試。

如何吸引全球人才？

　　網路高度發展加上疫情衝擊，加速各式遠距應用，企業治理上也因此有了轉變的契機。過去大家習慣實體辦公，若要吸引特定地區的人才，得將公司設立在該地才有助招募。如設立

在北部，有助吸引北部人才，但同時減低南部人才求職的意願。

　　如今，雖然疫情減緩逐步解封，仍有不少企業選擇持續採行遠距辦公，不論是完全不用到辦公室的全遠距，或是一週只要進辦公室兩、三天的部分遠距，求職者將有更多工作與居住地點的選擇，企業的求才區域也更加廣。

　　反過來說，國外企業也可以招募在台灣上班的國人，而非像過去得在台灣設立駐點，或台灣人必須遠赴重洋工作。拿掉地理疆界，求職者與企業不再因地理區位被綁在一起，人與企業皆得以線上跨區、跨國配對，排列組合變得更加多元。

　　然而在高度流動之下，求才企業更多元，中央或地方政府如何吸引產業進駐，挑戰了政府原有的治理思維。

不二法門：完善基礎建設與營造創新氛圍

　　新竹科學園區吸引大批高收入的高科技人才移居新竹，讓

> 網路高度發展之下，地理疆界如同被移除，
> 改變了求職者選擇工作，以及企業招募方式，
> 也可以說，改寫了企業的治理模式，
> 當然城市治理模式也該改變。

非直轄市的新竹,所得稅稅收成為全國數一數二高的區域。產業進駐如同帶來大量就業機會,更是豐厚稅收的象徵,因此每個地方政府無不希望自己成為更多產業的駐點選擇。

過往,要吸引科技產業聚集,必先大興建設或募得大筆投資,如新竹科技園區、台南科技園區、台北的內湖科技園區等。然而在虛實混合的趨勢下,虛擬科技園區或許也將在不遠的未來實踐。

當然,能同時吸引產業虛擬及實體的雙重進駐,是政府的最佳方案。若政府想成功吸引更多產業進駐,勢必要針對產業的選址考量進一步優化。

那麼國際上又是怎麼做呢?

洪春暉分享,幾個東歐小國跟台灣一樣天然資源有限、總人口不多,它們的數位發展的經驗值得台灣參考。像是羅馬尼亞從前並非科技國家,但花費許多功夫投入智慧城市發展與網路建設,並建立良好的通訊網路品質,成功吸引通訊領域的人才願意到羅馬尼亞工作,或是遠距為羅馬尼亞公司工作。保加利亞也是運用網路的普及,吸引人才進駐。

至於國際最著名的科技城市美國矽谷,徐燕興指出,許多研究顯示,矽谷真正厲害之處在於鼓勵創新的風潮。城市治理的重點是創新氛圍的營造,快樂、具特色和十五分鐘城市服務會吸引更多人進入,形成一個良好循環,「很多人研究的結論就

北五堵國際研發新鎮是市府以都市設計導入的規劃，期許做為吸引人才在基隆就業與生活的園區，目前已完成規劃。

是，我們不可能再去複製一個矽谷，但是矽谷有些地方確實值得學習，尤其是鼓勵創新的機制。」

　　綜合而言，洪春暉認為，要吸引科技產業進駐，絕對不是只有拚命鋪光纖網路。政府除了優化原本的基礎環境，盡力營造創新場域與創新氛圍，並應同步打造城市特色，以滿足產業進駐的各項條件。

小巧的基隆，近幾年精準掌握這些機會。

人才落地的理想城市

打造城市特色與理想的城市生活，有助產業招募人才，同樣是產業選址的重要關鍵。「科技業的核心資產之一是人才，因此科技業要不要進駐，思考的重點一定是人，也就是說，人才如果不願意來，那其實都不用講了，」洪春暉點出人才之於科技業的重要性。基隆這幾年的努力，我們看到更多的可能性。

以科技業工程師為例，工程師在選擇就職公司時，普遍會將周邊環境納入考慮，如交通、教育、醫療等基礎設施，因此求職者的考量也將進一步影響到企業的選址考量。

對要發展智慧城市的地方政府來說，興建城市建設，可說是項後勢看漲的投資。

「我的員工進駐之後，他生活所需的支持能否被滿足？」洪春暉分享，必須從工程師角度借位思考，像是竹科當初興建時就安排雙語學校，供國外歸國的工程師孩子就讀，滿足教育需求，「甚至包括洗衣店、烘焙店、休閒娛樂，都是關鍵。」

「有些人才喜歡海洋，就應該創造會讓他們想來的環境，這些人的落地會帶來更多機會，」徐燕興強調基隆應把握自身海洋城市的特色，吸引人才並同步帶動城市教育、飲食等各面向

軟硬體發展,逐步改善城市體質,邁向一個更加理想的居住環境,「人才想要落地,薪資才會漲,這是大家必須有的認知。」

城市先天的氣候,或是後天的規劃與治理方式,如道路與交通的規劃都有影響,各面向更相互牽動。

走向公共運輸的城市:興建基隆捷運

像是服務基隆市、新北市汐止、台北市南港的基隆捷運,應記取其他捷運的經驗,讓這條捷運成為翻轉首都東側的工具,才能真正為基隆加分。以城市規劃出身的徐燕興強調,軌道建設的沿線空間必須用都市設計方式引導土地使用,這是基隆彎路超車的機會。

「舉例來說,陽明海運與基隆港務分公司的土地可以藉由捷運一起整合。於是我們首創在捷運綜合規劃時就進行 TOD 規則,利用人工平台連接陽明海運土地,未來捷運、七堵火車站藉由都市設計方式串接起來,並結合七堵南興市場,七堵就會是另一個南勢角地區,成為首都圈的新興觀光景點,」徐燕興舉例說明,「捷運串連附近土地資源,一起把公共空間留大一點,還可以放一些青年住宅、社會住宅,更好的公共服務才能讓基隆翻轉。」

在原來的百福監理站旁邊,菸酒公司本來要做新的倉儲建

設，但從城市整體規劃角度，未來這裡可以是一個結合百福公園、運動中心的新社區。當運動中心與河岸結合，民眾想在河岸或室內跑步都可以，經過一番妥善規劃，整個空間才能串聯起來，發揮更大的綜效，數位人才的環境也可以落腳。

「民眾不理解是正常的，但一定要有機會讓他親身去體驗，想像二十年後在這裡生活的樣貌，」建築改革社副社長，同時是基隆女婿、基隆社區規劃師的吳宜晏描述，當年台北捷運做第一條木柵線時也備受抨擊，然而當所有人認識到捷運確實為城市加分，就沒有人再反對，「想要提升生活品質，市民們也必須要能接受，在建設過程中難免會影響日常生活的事實。」

當基隆捷運興建好後，從台北市南港區轉一條捷運線就可到基隆，首都圈頂多轉兩班，而且都在場站內轉搭，「接下來就看基隆自己，有什麼能力吸引人才落腳，這時候談地方觀光才有意義，」吳宜晏分享基隆捷運建好後的願景，「今天要去淡水老街、看落日，我就坐捷運；今天想坐 Water Bus（水上計程車）去海科館，轉去正濱漁港看一下博物館，想去八斗子就去八斗子。這將是都會區的日常。」

「如果從首都圈來看，移動就是北北基桃都含括在一起，它是一種日常。未來生活怎麼樣移動，用什麼途徑、什麼運具，未來公路運輸是否會下降，高速公路能否因此生出一些空間，我們要開始想，」吳宜晏強調，可以從生活去想像城市未來。

治理者必須站在更前面的位置，規劃城市未來的樣子，吸引更多更好的人才，而人才落地也有助環境優化，形成一個良好的循環。

　　Web 3.0 時代帶來的機會，加上捷運的興建以及十五分鐘城市等政策，有助全國通勤通學比例最高的基隆翻轉定位，優化生活品質，再創風華。

善用城市特色吸引產業進駐

　　除了規劃理想城市的生活環境，找出城市特色也得以為城市加分。在國內，如高雄、桃園，均善用城市特色，吸引相關產業進駐。

　　過往，高雄以石化重工業為主，近幾年善用港區特性，發展科技聚落，成功吸引半導體產業進駐。桃園則是運用國門的定位，形塑航空城形象，並以航空城的角度，發想各式物流與新興科技的應用。

　　「許多城市不是從如何將 Web 3.0 應用在政府的服務來想，而是從如何打造自身城市特色的角度來思考，」洪春暉強調，城市回頭找出最根本的城市特色，結合 Web 3.0 科技，更有助於發展出帶有科技特色的創新城市。

　　在網路高速發展之下，城市先天的地理區位愈加被淡化，

「基隆在台北旁邊，但通勤上又有一點距離，算是很尷尬的距離，不過未來這不見得會成為關鍵因素，」洪春暉認為。過去儘管認為北北基桃屬於一個生活圈，卻更偏重北北桃，基隆常被邊緣化。

像是台北具有最多金融業，容易吸引金融相關的創新產業；高雄吸引傳統工業轉型。基隆或許可以善用港區、物流與運輸

美國矽谷真正值得學習之處，在於鼓勵創新的風潮。

集散地的特色，並引入沙盒做法，招募相關創新產業，打造屬於基隆自己的科技城市。

創新試驗，並與國際接軌

「我們能否在這個領域打造一些可以試驗的創新場域，運用沙盒，吸引想要創新的大廠來這邊投資，跟政府合作，慢慢形成一種循環。讓業者只要想到做什麼創新試驗，就會去基隆，」洪春暉勾勒基隆願景。此外，基隆有很棒的海岸線，或許也可以開放場域，讓觀光新創進場。

當千辛萬苦覓得千里馬，也得要有伯樂才能被肯定價值，而「亞洲・矽谷」就是媒合千里馬與伯樂的旗艦計畫。「『亞洲・矽谷』的重點不是要台灣複製矽谷，而是找出台灣跟矽谷的連結，」洪春暉認為。

儘管複製不了獨特的矽谷，仍可善用其資源，「光靠台灣要走到全世界很辛苦，但如果台灣有很多優秀的創新團隊，可以送到矽谷去淬鍊、被承認，然後再發光發熱，進入全世界的市場。這會是一個非常好的做法，對台灣新創的能見度很有助益，」洪春暉分享。

「我曾經拜訪過 Google 台灣區的負責人，詢問他最在乎的是什麼，他講的還是『人才』，」洪春暉回應人才的重要性，若

能由國內外產業與中央、地方政府共同培訓人才，將有助台灣在數位時代取得更好的利基點。

Web 3.0 帶來的網路去中心化時代，從虛擬世界重新定義實體世界角色。如何在重新洗牌的牌局中，明瞭自身優勢與限制，並找到屬於台灣的定位，盡力打出一手好牌，更是台灣能否在虛實交錯的未來持續前進的關鍵。

正如洪春暉所述：「Web 3.0 有如百花齊放的時代，人人有機會，但個個沒把握。」但至少把握「開始」與「創新」兩項原則，想像未來社會所需，去試驗，大夥一起共創美好。

基隆未來城市的想像

未來基隆應該是什麼模樣？

城市就是公園，新舊據點在此交融，

世界各地的優秀人才落腳居住，便利交通讓日常生活暢通無阻。

開放、冒險變成城市 DNA，

身為海港之子的基隆人，讓我們打開雙手擁抱未來吧！

基隆內港就是中央公園

未來的基隆內港，是大小船競美所在，遊客抵達基隆，可以搭乘交通船到正濱漁港，在色彩屋喝咖啡；或者換乘遊艇直奔基隆嶼。不想動嗎？坐在港邊發呆也開心，熱了就換上泳衣跳入海中，依港而生的城市可傍、可依、可親、可玩、可泳。

新舊時代對話的空間

基隆的古蹟，透過修復與設計導入，就像一串串歷史珍珠，串連成新生活的線索，新舊融合的景象，交織成一張具有生活感的人文創意街區，吸引文化團體、創意店家及新創團隊的進駐。

「我來基隆！在海港第一排工作」

全新的東西岸是產業新希望

新的市港空間、新的市港經濟，這裡可以是博物館聚集地，也能辦展覽、開音樂會，複合式商場讓購物族買好買滿。港邊第一排的無敵海景可以散步吹海風，距離首都圈只要十五分鐘交通時間，吸引新創產業及國際企業優秀人才進駐。

「我從望海巷可以一路騎到富基漁港吃海鮮！」

「我搬來基隆生活假日還可以去潛水！」

雙輪穿梭基隆跑透透

搭火車到八斗子車站開始自行車之旅，去潮境公園看基隆嶼，到正濱漁港吃冰，與貨輪或郵輪來場陸海競速，回到市區廟口吃在地美食，然後繼續騎單車環島，或者搭火車、捷運回家，住在基隆真幸福。

「親愛的，來基隆只要 15 分鐘先吃廟口再去海洋廣場，一整個晚上不無聊。」

開放冒險精神的海港人

有魅力的海港城市都有廣場，廣場可以集會、可以倡議，海港人則有面向世界的胸襟，有更多與全世界打交道的機會，有與世界做朋友的能力，也有向世界發聲的勇氣。

大海就是基隆人的廣場、舞台、勇氣與力量。

（圖由 archicake 策點設計提供）

社會人文 BGB545

未來城市備忘錄
從基隆治理經驗看台灣

作者——陳芛薇、蔣金
企劃出版部總編輯——李桂芬
主編——羅德禎
責任編輯——李美貞（特約）
美術設計——劉雅文（特約）
圖片來源——基隆市政府、Shutterstock、Alamy、Reuters

出版者——遠見天下文化出版股份有限公司
創辦人——高希均、王力行
遠見‧天下文化 事業群董事長——高希均
事業群發行人／CEO——王力行
天下文化社長——林天來
天下文化總經理——林芳燕
國際事務開發部兼版權中心總監——潘欣
法律顧問——理律法律事務所陳長文律師
著作權顧問——魏啟翔律師
社址——臺北市 104 松江路 93 巷 1 號
讀者服務專線——02-2662-0012｜傳真——02-2662-0007；02-2662-0009
電子郵件信箱——cwpc@cwgv.com.tw
直接郵撥帳號——1326703-6 號　遠見天下文化出版股份有限公司

製版廠——東豪印刷事業有限公司
印刷廠——中原造像股份有限公司
裝訂廠——精益裝訂股份有限公司
登記證——局版台業字第 2517 號
總經銷——大和書報圖書股份有限公司｜電話——02-8990-2588
出版日期——2022 年 12 月 30 日第一版第一次印行

定價——NT500 元
ISBN——978-986-525-990-7
EISBN － 9789865259921（EPUB）；9789865259914（PDF）
書號——BGB545
天下文化官網——bookzone.cwgv.com.tw

國家圖書館出版品預行編目(CIP)資料

未來城市備忘錄：從基隆治理經驗看台灣/陳芛
薇、蔣金著. -- 第一版. -- 臺北市：遠見天下文化
出版股份有限公司, 2022.12
　　面；　公分. -- (社會人文；BGB545)
ISBN 978-986-525-990-7(軟精裝)
1.CST: 都市發展 2.CST: 公共行政 3.CST: 基隆市
575.33/105　　　　　　　　　　111018604

天下文化
BELIEVE IN READING